建築知識
kenchikuchishiki

世界で一番くわしい

木材 最新版

15

「世界で一番くわしい木材」
研究会 著
Sekaide ichiban kuwashii mokuzai Kenkyukai

X-Knowledge

DTP　　　　　　　　ユーホーワークス
カバー・表紙デザイン　細山田デザイン事務所

はじめに

2012年に刊行された本書も10年の長きにわたり多くの方のお手元に置かれたことを喜ばしく思います。しかし、木材の事情は日々刻々と変化し、10年前の情報ではいささか古めかしさを感じるようになりましたため、今回の最新版を作成いたしました。

最新版の作成に当たり、新たに編集委員会を設け、議論を重ねました。各項目を一つひとつ吟味し、不要と思われる項目については思い切って削除し、必要と思われる項目については全面書き直しをすることとなりました。

また、特筆すべきは、あらたに第6章として加えられた「木材活用術」のページです。

改訂前の本書では木材の基礎知識を伝えることが木材の活用につながるという考えで項目立てを行いました。しかし、10年の流れの中で、それだけでは木材活用に貢献することは難しいと強く感じるようになったのです。木材利用というのは川上（林業）と川中（製材）、川下（設計施工）のそれぞれのプレーヤーによる共同作業にほかなりません。その連携プレーがイメージできないと、木材の活用が進まないままであることが分かったからです。

そこで、木材活用のプレーヤーから実例をもとに、第6章「木材活用術」として掘り下げて紹介していただきました。

これから木材活用に取り組まれる方には、この章で木材活用の連携プレーというものを理解してもらえるのではないかと思います。

この最新版の作業が始まったのがコロナ禍によるウッドショックが騒がれ始めたころでした。ウッドショックがどうなるか先行きが見えない中で最新版の作業を延ばした方が良いのではないかという意見も出ましたが、逆に国産材活用への道の一端を本書で示すことができればウッドショックに負けない日本の木材業界の実現につながるのではないかと考えました。

最後になりますが、今回の改訂作業に当たり九州大学木質材料工学研究室の藤本登留先生に総合監修をお願いすることができました。先生にはお忙しい中、最終原稿の全てに目を通していただき適切なアドバイスをいただきました。この場を借りて深く御礼を申し上げたいと思います。

著者を代表して　古川泰司

CONTENTS

CHAPTER 4
造作材として用いる

CHAPTER 5
適材適所な使い方

CHAPTER 6
木材活用術

木材の基礎知識

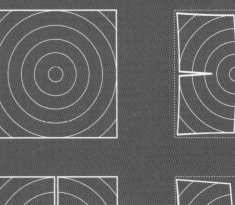

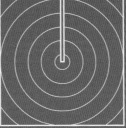
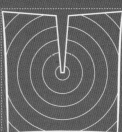

日本における木材利用の現状

日本の木材需要は2009年を底に増加傾向。今後はカーボンニュートラルや地方創生などのため国産材の有効利用が求められる

木材需要の傾向

　国土面積の7割を森林が占める我が国では、古くから森の恵みである木材を、建築、生活用品、燃料等に多用してきた。我が国の現在の森林は、先人が戦後植林をしたものが大きく成長し、50年を超える木が半分以上を占める一方（図1）、林業や木材価格の低迷から新たに植林される面積は少なく、先人の残してくれた森林で「伐って、使って、植える」という持続可能なサイクルを進め、次世代に健全な森林をつないでいくことが求められている（図2）。

　我が国の木材需要量の推移をみると、戦後の復興期と高度経済成長期の経済発展により増加を続け、1973年に1億2,102万㎥（丸太換算値）の過去最高を記録した。その後、1970年代のオイルショック等により増減を繰り返し、1996年以降は経済停滞等で減少傾向となった。また、2009年にはリーマンショックの影響により大幅に減少したが、これを底に、近年は増加傾向にある。2020年には、製材用材の需要の減少等から用材の需要量は前年に比べて988万㎥減少し6,139万㎥となる一方、燃料材は木質バイオマス発電施設等での利用により、前年に比べて242万㎥増加し1,281万㎥となった。このことから、2020年の木材の総需要量は7,444万㎥となった。国産材供給量は、2002年を底に増加傾向で、2020年は3,115万㎥となった。これに伴い、木材自給率は、上昇傾向で推移しており、2020年には10年連続で上昇して41.8％を達成した。（図3）

国産材利用の促進

　化石資源やプラスチック、鉄やコンクリートを適材適所で木材に代替していくことは、街に「第2の森林」を作り脱炭素社会の実現に資するとともに、国連の持続可能な開発目標（SDGs）達成にも貢献できる。森林のある山村に雇用を生み、地方創生にもつながる。また、木による健康面や経済面での効果が科学的に解明・実証されてきている。さらに、2021年6月には公共建築物等木材利用促進法が改正され、民間建築物にも対象を広げて木材利用を促進していくこととされた。今後、住宅分野に加え、非住宅分野においても構造・内外装等の多様な木材利用が進むことが期待される。

　2021年6月に閣議決定された森林・林業基本計画では、2030年に国産材は4200万㎥、そのうち建築用材等は2600万㎥と現行の4割増で供給する目標が決定された。世界市場での木材需給のひっ迫に備え、地域の国産材を持続的に活用していくため、川上、川中、川下が連携し、需要者のニーズに応じた木材製品の安定供給体制の構築が求められる。また、2017年5月に施行されたクリーンウッド法により、原木市場、製材所、バイオマス発電事業者などの木材関連事業者は、取り扱う木材等について「合法性の確認」等の取組を実施する必要がある。

● 違法伐採問題
日本では違法伐採問題の対策として、公的機関などが環境面に配慮した商品を率先して購入する「グリーン購入法」の対象品目に合法性の証明された木材・木製品を指定している。これにより、木材は、合法性および持続可能性が認証されたものを優先的に購入しなければならない。林野庁では合法性の証明に次の方法を例している。(1)SGEC（緑の循環認証会議）、FSC（森林管理協議会）、PEFC（PEFC森林認証プログラム）などの森林認証の認証マークにより証明。(2)自主的な行動規範を作成した業界団体が事業者を認定して証明。(3)事業者独自の取組により証明

● 治山
森林を守り育てることによって、山崩れや洪水などを未然に防ぎ、水源や緑の維持を目指すこと

● ウッドマイルズ
木材は輸入量が多く、また輸送距離が長いほど消費する燃料の量も多くなり、環境への負荷も大きくなる。ウッドマイルズはこの際の環境負担を表す指標で、「輸入量×輸送距離」で算出する

（図1）人工林の齢級別面積

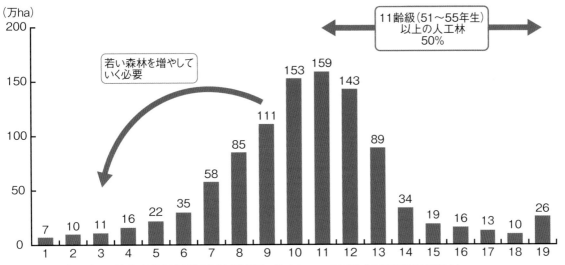

資料：平成30年4月林政審議会資料「全国森林計画の策定について」（平成29年3月31日現在）
注1：齢級（人工林）は、林齢を5年の幅でくくった単位。苗木を植栽した年を1年生として、1〜5年生を「1齢級」と数える
注2：森林法第5条及び第7条2に基づく森林計画の対象となる森林の面積

（図2）森林の持続的なサイクル

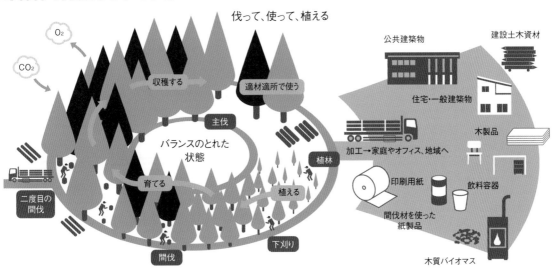

（図3）国産材の利用量の現状

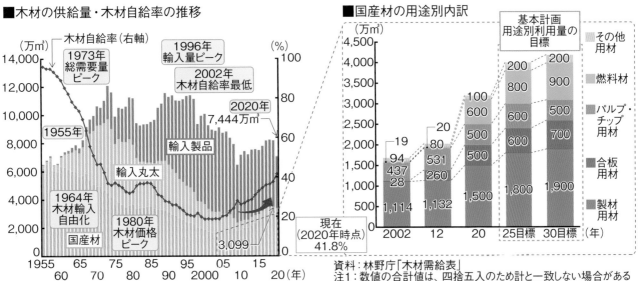

■木材の供給量・木材自給率の推移

資料：林野庁「木材需給表」
注1：数値の合計値は、四捨五入のため計と一致しない場合がある
注2：輸入製品には、輸入燃料材を含む

■国産材の用途別内訳

資料：林野庁「木材需給表」
注1：数値の合計値は、四捨五入のため計と一致しない場合がある
注2：「燃料材」は、ペレット、薪、炭、燃料用チップである（ただし、2002、2012年の燃料材には原料用チップ用材は含まない）
注3：「その他」とは、しいたけ原木、原木輸出等

山から製材までの流れ

植林による針葉樹が市場を占めている。
高性能林業機械により生産性が上がっている

針葉樹材と広葉樹材

国産材(建築用材)を大きく分類すると、針葉樹と広葉樹に分けられる(p.14)。

針葉樹は、そのほとんどが植林された山から切り出される(写真1)。秋田県の「天杉」(天然秋田杉)のように、一部の地域からは樹齢数百年の稀少価値のある素晴らしい木が出てくるが、多くは30〜80年生の人工林のスギ、ヒノキである。そのほかの針葉樹としては、マツ、サワラ、青森ヒバ、高野マキなどがあるが、天然林のため戦後に植林されたスギやヒノキに比べると、その量は微々たるものである。

広葉樹は、植林された山が少なく、民間林で天然のものが伐採され、市場に出てくる程度である。その他国有林などからの搬出もあるが、近年はほとんどなくなった。

これらの主な用途は家具や特殊な造作材である。しかしケヤキのように社寺建築で利用されたり、クリのように土台に使用されるものもある。計画的な育林がまだまだ未整備なため現在の取扱量は少なく、銘木扱いでしかない。

山からの搬出

山で「伐り旬」と呼ばれる10月〜12月の時期に伐採された木は、そのほとんどが伐採後ただちに玉切り(写真2)され、麓の土場に搬出される。あるいは、伐採後に葉枯らし(写真3)し、1〜2月頃に山から搬出する。

その際、日本の多くの山では、そのつど道をつくったり、ワイヤーで吊ったり、場合によってはヘリコプターを使用して搬出を行っている。国の補助がなければとても成り立たないのが林業の実情である。

山から出てきた丸太は、素材業者によって原木市場にもち込まれる。原木市場からは、製材業者の手に渡り、各種製品に加工・乾燥され(写真4)、流通していく(図)。

● 銘木
材面が美しく、鑑賞的価値をもっている木材

● 玉切り
3m、4m、6mなどの定尺に切ること

● 葉枯らし
葉をつけたまま山で放置し、乾燥すること

(図)国産材の流れ

木材は山で伐採されると、図のような経路で消費者に届けられる

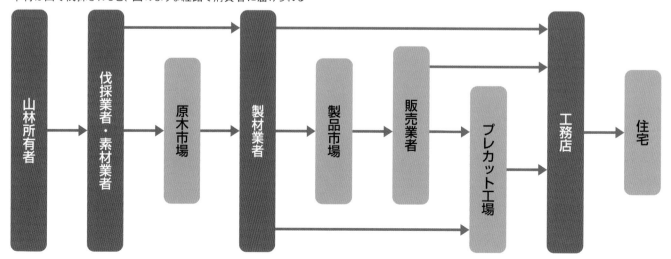

山林所有者 → 伐採業者・素材業者 → 原木市場 → 製材業者 → 製品市場 → 販売業者 → プレカット工場 → 工務店 → 住宅

（写真１）森林での伐採

チェーンソーで１本１本伐採する

（写真２）玉切りされた木材

一定の長さに玉切りされた木材は棚状に並べて整理される

（写真３）葉枯らし状態の丸太

葉枯らし状態のスギ

（写真４）加工された製材

用途にあわせて加工される

木材の基礎知識

構造材として用いる

エンジニアードウッド

造作材として用いる

適材適所な使い方

木材活用術

プレカットと手刻み

材木業者は大工や工務店から注文を受け、木材市場で買いつける。
近年は自動で墨付けから刻みまで行うプレカット加工が普及している

木材の流通

　一般に、木材は各地の製材業者によって加工、製品化され、消費地にある市売や木材センターと呼ばれる木材市場に運ばれる。

　市場では、大工や工務店からの注文を受けた材木業者が、注文内容に応じて木材を買いつける。買いつけた木材は、自社の作業場や大工、工務店の作業場で墨付け、刻み加工をして木材製品にする。

　昔から大工が受け継いできた在来軸組構法では、木材製品は、骨組みに使用する構造材、下地材に使う羽柄材、仕上げに使う造作材に分けられ、すべて小売りの材木業者を通して流通していた。

プレカット加工

　最近になって構造材の加工に関しては、各作業場で墨付け、刻みをするいわゆる「手刻み」から、コンピュータを利用し自動で墨付けから刻みまでを工場内で行うプレカット加工に移行し、現在は95％以上がプレカットになっている（写真1・2）。建築現場には加工された構造材や根太、垂木などの補助構造材が、直接納入されるのが一般的になった。

　ただし、こうした傾向に疑問や物足りなさをもつ設計者、大工も現れている。なぜならプレカット加工は、生きた木を選別することなく、画一化された製品として加工することが多いからである。そこには、大工が1本1本の木と向き合い、木の節、木表、木裏などの特徴を生かしながら手刻みで墨付け、加工する際の「木を読む」という工程がない。それが最近になって一部で見られる手刻み加工への回帰につながっているといえそうである（写真3）。その一例として、近頃では機械の能力を補おうと、特殊加工に対応できる大工を雇っているケースなども見受けられる。

● 市売
製材業者から木材の販売を委託された業者が、競りや入札で木材を販売する方式。または、そのような販売を行う業者

● 墨付け
材料を加工する前に、墨つぼと墨さしを使って工作の基準となる線や目印をつけること

● 刻み
墨付けにしたがって、継手や仕口などを加工する作業

● 木表・木裏
木表とは丸太から板に製材した際の樹皮に近い、つまり外側の面。反対に木裏は樹心側の面。ムク材の板は必ず木表側に反る

（写真1）工場でのプレカット加工

加工機には、刻み、加工方法がCADで入力され、柱、梁などの構造材が墨付けすることなく全自動で刻まれていく。1日で75棟分（30坪/棟として）の木材を生産する工場もある。垂木、間柱などの羽柄材もプレカットできる

（写真２）プレカットの例

かま継ぎオスのプレカット仕口

かま継ぎメスのプレカット仕口

サイズ別にプレカットされたあり継ぎ仕口

合板のプレカット

（写真３）施工現場での手刻み加工

丸太や曲がった材は、プレカットでは加工できないため、手刻みになる。写真は、現場で丸太にホゾ加工するために寸法確認しているところ

手刻み加工されたアカマツの太鼓梁

木材の基礎知識

構造材として用いる

エンジニアードウッド

造作材として用いる

適材適所な使い方

木材活用術

針葉樹と広葉樹

針葉樹は軽くてやわらかく、温かい。 広葉樹は重くて硬く、冷たい

木材の構造

　樹木の幹の内部を仔細に見ていくと、樹幹は樹皮、木部、樹心(髄)の3つから成り立っていると分かる。

　樹木は樹皮の直下にある形成層の柔細胞(活細胞)が養分をとって分裂し、その外側に樹皮、内側に木部を形成して生長する。木部は根から葉へ水分を送り、樹体を支える役割を果たす。

　形成される細胞のうち、春から夏の時期にかけてつくられる部分を春材(早材・夏目)、夏から秋にかけてつくられる部分を秋材(晩材・冬目)という。春材の部分は細胞壁が薄く大きく生長するため、やわらかく、色は白い。秋材の部分は細胞壁が厚く、あまり生長しないのでかたく、濃い色をしている。

　これらが毎年つくられることで層となり、年輪となる。年輪の幅で比重や強度が変わり、秋目が多ければ重くてかたい材となり、逆に春目が多いと軽くてやわらかい材となる。

針葉樹と広葉樹の断面の違い

　樹木には針葉樹と広葉樹がある。針葉樹の代表はスギ(写真1)、広葉樹の代表はケヤキである(写真2)。

　針葉樹の断面は、水分パイプと樹体を支持する機能をかねる仮導管と呼ばれる組織がその90%を占める。縦長の細胞が配列よく並び、材料として素直で扱いやすい。また、比較的軽いわりに強度があり、建材として優れた特質を備えている。性質としては、やわらかく、手で触れると温かく感じる。

　広葉樹の断面は、水分を通す役目の導管と、木を支える木繊維に分かれ、針葉樹よりも組織は複雑である。繊維質が多いため、重くて硬く、触ると冷たい材が多い。このような材は、水分による収縮の影響を受けやすい面もある(図1)。広葉樹は、導管の並び方により環孔型、散孔型、放射孔型の3種類に分けられる(図2)。これらの違いが、樹種により多様な木肌や木目を生むのである。

● 木肌
　樹木の外皮を取った表面

(写真1)針葉樹の断面

代表的な針葉樹：スギ、ヒノキ、マツ。写真はスギ

(写真2)広葉樹の断面

代表的な広葉樹：ケヤキ、クリ、ナラ、イタヤカエデ。写真はクリ

木材の基礎知識

構造材として用いる

エンジニアードウッド

造作材として用いる

適材適所な使い方

木材活用術

（図1）針葉樹と広葉樹の比較

針葉樹は年輪がはっきりしているが、広葉樹は木口面で見られる「管孔」の現れ方によって、環孔材、散孔材、放射孔材の3型に分けられる

	針 葉 樹	広 葉 樹
幹の繊維	仮導管 （早材は径が大きい。晩材は径が小さく、細胞壁が厚い） ↓ 年輪が明確	導管 （水分通道）
幹の断面	年輪	散孔材（サクラ）　　環孔材（ケヤキ、クリ、ヤチダモ）
心材と辺材	辺材（白太）　心材（赤身） 道管が辺材から心材に変化するとき、色素やリグニンが沈着して発色する	辺材（白太）　心材（赤身） 原木中の酵素が空気中の酸素に触れて発色する

（図2）広葉樹の導管のタイプ

環孔型

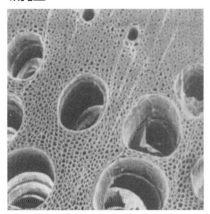

大きな径の導管が並び、年輪がくっきりと浮かび上がって見え、力強い木目だが、導管の径が大きいので、肌目は粗い

代表的な樹種：ケヤキ、クリ、ミズナラ、ヤチダモ

散孔型

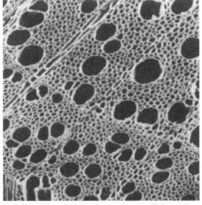

散孔型の導管は環孔型に比べて小さく、数多く均等に分散している。そのため年輪がはっきりしていないが、木目は緻密で繊細な表情をもっている

代表的な樹種：ヤマザクラ、イタヤカエデ、トチノキ

放射孔型

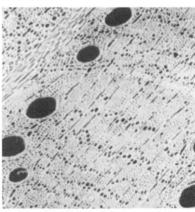

やや細かい導管が放射状に分散しており、木目ははっきりとしないが、放射組織が明瞭なので、表面には独特の模様が表れる

代表的な樹種：シラカシ、アラカシ

木材の性質

木材は鉄などに比べ自重に対する強度が高い。
心材は辺材よりも耐朽性が高い

軽くて強い木材

　木材は中空の細胞組織の集まりで、自然に形成された蜂の巣のような、ハニカム構造となっているため軽くて強い（図1）。

　素材そのものの強度は、たとえば鉄とスギ材を比べると、鉄の4,000kg／㎠に対してスギ材は350kg／㎠と弱い。ただし、構造材は強度が高ければよいというものではない。建物の自重を支えなくてはならないため、その重さも問われる。

　そのバランスを示すのが自重に対する強度「比強度」である。これを鉄とスギ材の繊維方向で比べると、鉄は510kg／㎠、スギ材は920kg／㎠で、スギ材が構造材として優れた材料であると分かる（表1・2）。

　また木材は、触ったときに鉄や石などに比べて冷たくない。

　これは熱伝導率の違いによるものである。たとえばスギ材の熱伝導率は0.12W/mKだが、鉄は53W/mK、アルミニウムは200W/mKである（表3）。

成熟材と未成熟材

　樹皮の内側には形成層と呼ばれる部分があり、ここで細胞分裂が起き、内部に向かって木部を形成し続ける。この形成層が約15年未満の未成熟な時につくられる細胞が未成熟材。成熟した形成層がつくる細胞が成熟材となる。よって樹木は、約15年輪を超えた丸太の外側の部分が成熟材となる。このため、樹木の比較的先端にあたる部分には成熟材は存在せず、未成熟材だけが存在する（図2）。未成熟材は仮導管長が短く、強度も弱いなどの特徴がある（図3）。

　辺材は、仮導管や導管による水の通導経路で、含水率が高く、柔細胞には養分が蓄えられている。このため、辺材は腐朽菌や虫の餌になりやすい。一方、心材は死んだ細胞の集まりで、心材化に伴い、細胞にいろいろな抽出成分が生合成され、樹種特有の成分が蓄積される。このため、心材は有色化し、辺材に比べ耐朽性が高くなる（写真）。特にヒノキやヒバなどは耐朽性は高い。

● 熱伝導率
物質の両面に1度の温度差があるとき、1㎡当たり1時間に伝わる熱量。値が小さいほど断熱性能が高い

（図1）木材の微細構造

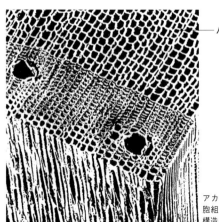

―― ハニカム構造

アカマツの3断面。中空の細胞組織が集まった、ハニカム構造になっているのが分かる

（表1）建築材料の密度、比強度

鉄などの素材に比べ、木材は比強度が優れている

材料の種類	密度（g／㎤）	強度（kg／㎠）	比強度（kg／㎠）
スギ	0.38	350	920
ヒノキ	0.44	400	910
コンクリート	2.35	250	110
ガラス	2.5	1,000	400
アルミニウム	2.7	2,000	750
鉄	7.85	4,000	510

強度、比強度：圧縮（繊維方向）

（表2）木材の強度、収縮の異方性

木材は繊維方向によって強度に大きな違いがある

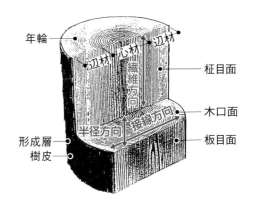

樹種	密度 （気乾）	ヤング係数 （10^3kg／cm²）			気乾収縮率 （%）		
		L	R	T	L	R	T
スギ	0.38	75	6	3	3.5	1.1	0.03
ミズナラ	0.70	115	14.5	7.5	5.9	2.0	0.24

L：繊維方向、R：半径方向、T：接線方向

（表3）建築材料の熱伝導率

熱伝導率の低い木材は、温かみのある素材といえる

建築素材	熱伝導率 （W/mK）
コンクリート	1.6
耐火レンガ	0.99
アルミニウム合金	200
鋼材	53
スギ	0.12
ブナ	0.19
マツ	0.15

（図2）成熟材と未成熟材の概念

生育後10〜15年の樹木は、繊維が短く強度が低い未成熟材のみとなる。一方、生育後30年の樹木は、成熟し強度の高い成熟材の部分と未成熟で強度の低い未成熟材の部分に分かれる

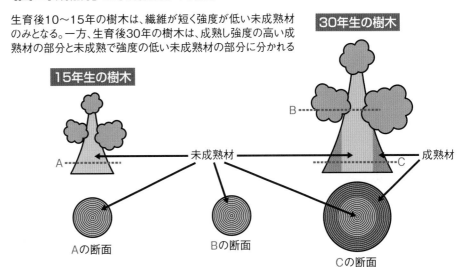

（図3）髄からの距離と曲げ強度性能

未成熟材となる髄（樹木の中心）に近いほど、曲げヤング係数、曲げ強度とも弱いことがわかる

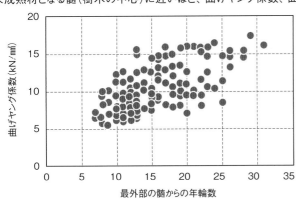

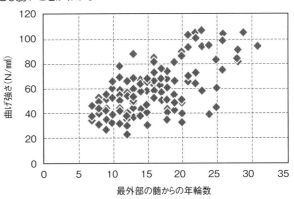

（写真）心材率と色の違い

針葉樹、広葉樹の違いだけでなく、樹種により心材率や心材色に違いがある

スギ（針葉樹）

国産アカマツ（針葉樹）

木材の基礎知識

構造材として用いる

エンジニアードウッド

造作材として用いる

適材適所な使い方

木材活用術

板目と柾目

板目は幅広の材が取れ経済的だが、反りが起こりやすい。
柾目は挽き残りの材が出るが狂いが少ない

板目と柾目

　木材を切断すると、切断方向によって異なった木目が現れる。この違いを表したものが板目と柾目である（写真1）。

　木材を樹心からずらした位置で切断すると、タケノコ模様の木目が現れる。これを板目という。乾燥による板幅方向の収縮は、木表（樹皮に近い面）のほうが木裏（樹皮から遠い面）よりも大きいため、板目板は木表側に反る（写真2）。

　一方、木材を樹心に向かって切断すると平行で真っすぐな木目が現れる。これを柾目という。その模様は、「糸柾」「本柾（図1）」とも呼ばれる。柾目板は、乾燥による狂いが少なく、木目も美しい。

木取りの注意点

　木材から必要な寸法の材を切り取ることを木取りという（図2）。木取りの際は、製材や乾燥収縮に伴って起こる材の変形、狂いに常に注意しなければならない。木には常に成長応力が働いているからである。また、木取りには、板目取りと柾目取りがある。

　板目取りは、幅広の材が取れ経済的であるが、幅反りが起こりやすいという弱点をもつ。一方の柾目取りは、板幅が制約され挽き残りの材が出るため経済的ではないが、狂いの少ない材が取れる点に特徴がある。

　丸太を中心から板取りした場合、中心に近いごく狭い部分からは、板幅の中心のみに4〜6cm程度の幅の板目が現れ、その両側すべてが柾目となる中杢材が取れる。この材は美しく、1本の丸太からわずかしか取れないため、和室の天井板などに珍重されている。

　さらに少し外側になると、板目部分の幅のやや広い中板目材と呼ばれる材が取れ、さらにその外側は板目材となる。

● 成長応力
　木の組織を維持しようとする力

● 幅反り
　木表が引っ張られて外側に反る現象

（写真1）板目（左）と柾目（右）

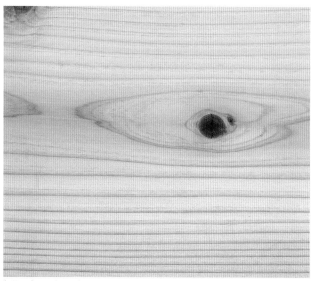

板目の木目は山形の年輪があらわれ、節なども出る

柾目の木目は年輪が平行にあらわれる

（写真2）木表と木裏

木表は樹皮に近い面、木裏は樹皮から遠い面

（図1）本柾

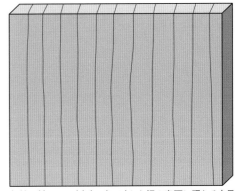

年輪に対してほぼ直角に切り出した板の表面に現れる木目

（図2）木取り

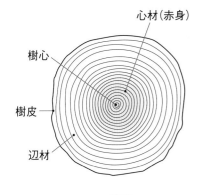

心持ち材

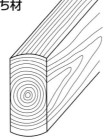

樹心を含んでいる材。樹心の周りの心材は腐りにくい。土台や柱、梁など断面の大きな部材として使われる

心去り材

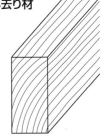

樹心を含んでいない部分の角材。節が少なく木目がきれい。垂木や根太など断面の小さい材や造作材に使われる

柾目
丸太の放射方向に近い材面が出るように挽いた材で年輪は平行な木目となる

板目
年輪の接線方向の材面が出るように挽いた材で年輪がうず巻き模様に表れる

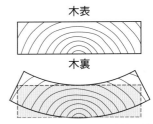

樹皮に近いほうを木表といい、樹心に近いほうを木裏という。木表のほうが乾燥に伴う収縮率が大きいため木表側に反る

板目取り

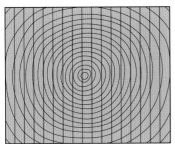

接線方向の材面が出るように挽くことをいう。幅広材が取れる

柾目取り

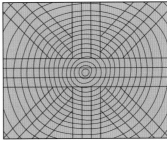

放射方向に近い材面が出るように挽くことをいう。板幅が制約される

中杢材

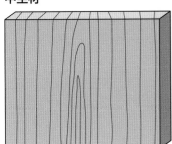

板幅の中心のみに板目が現れ、その両側はすべて柾目となる

中板目

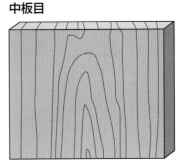

板幅の中心にやや幅の広い板目が現れる

木材の基礎知識

構造材として用いる

エンジニアードウッド

造作材として用いる

適材適所な使い方

木材活用術

木に含まれる水分

木材に含まれる含水率の許容範囲は 15〜20％。
木材の乾燥方法には自然乾燥と人工乾燥がある

含水率の基準

木材に含まれる水分量は、次の式で示される含水率で表現される。

含水率(%)＝100(W−WO)/WO

> W：ある水分状態での重さ
> WO：水分0(全乾)の状態での重さ

伐採後の生材は、通常多量の水分を含んでいて、特にスギのような針葉樹は全乾状態の重量の2倍(200％)もの水分を含む場合がある(表1)。

木材に含まれる水分は、内部の空隙にたまる自由水と、細胞壁と結合した結合水に分けられる。伐採した生材を放置していると、まず自由水が抜け始め、含水率28〜30％に達すると自由水がなくなり、結合水のみとなる。この変換点を繊維飽和点と呼ぶ。

その後、結合水が抜け始めるが、この水分が抜けるとその分だけ細胞壁内容積が減っていき、木材の収縮が進行する。

乾燥が進むと、含水率は木材の置かれた温度や湿度と均衡し、15％前後の平衡含水率となる(図1・2・表2)。用途によって違いはあるが、含水率が15〜20％程度に乾燥された木材であれば、温湿度環境により多少の寸法変化が生じるものの、通常は、許容できる範囲であると考えられる。

乾燥方法

日本農林規格(JAS)では、乾燥材の含水率基準を品目ごとに定めている(表3)。

木材を乾燥する方法には、天然乾燥と人工乾燥がある。天然乾燥は到達できる含水率に限度があり、季節や地域の気候など多くの不安定な要因もあることから、品質の管理が難しい(図3)。そのため、JASの含水率基準を満たす乾燥材を生産するには、一般的には人工乾燥装置を使用する。

乾燥装置には、蒸気式、除湿式、減圧式、蒸気・高周波複合式などがあり、木材の用途や材種によって使い分けられている。

● 自由水
木材に含まれる水のうち、ほかの分子との結びつきがないもので、細胞壁と細胞壁の間などにある水

● 結合水
木材に含まれる水のうち、水素結合などにより木材の構成分子と結びついている水。細胞壁内にある

● 均衡
物事の間で、力や重さなどのバランスがとれていること

● 平衡
バランスがとれていること

(図1)木材の含水率推移

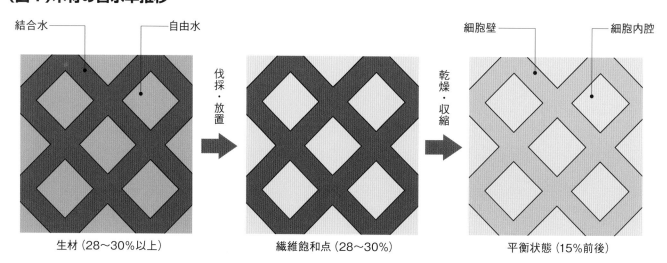

結合水　　自由水　　　　　　　　　　　　　　　　　細胞壁　　細胞内腔

生材(28〜30％以上)　　　　伐採・放置　　繊維飽和点(28〜30％)　　乾燥・収縮　　平衡状態(15％前後)

（図2）105㎜角材の天然乾燥経過

乾燥日数の経過とともに含水率は減少し、
次第に一定となる（美濃市・冬期）

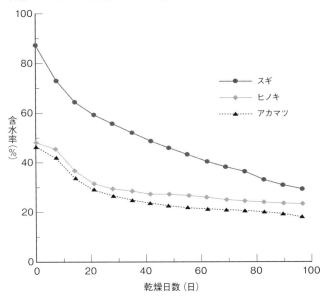

凡例：
- ●── スギ
- ◆── ヒノキ
- ▲‥‥ アカマツ

（縦軸：含水率（%）、横軸：乾燥日数（日））

（図3）地域別平衡含水率の幅

地域、季節によって平衡含水率は異なる

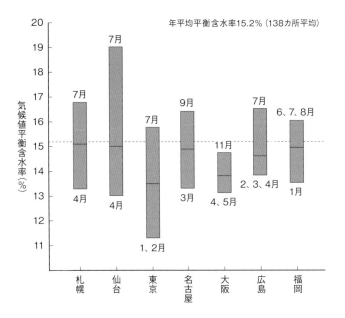

年平均平衡含水率15.2%（138カ所平均）

（縦軸：気候値平衡含水率（%）、横軸：札幌・仙台・東京・名古屋・大阪・広島・福岡）

（表1）生材含水率例

生材の含水率は心材と辺材で大きく異なる

樹種	含水率（%）	
	辺材	心材
スギ	159.2	55.0
ヒノキ	153.3	33.5

（表2）使用場所と平衡含水率

用途	使用場所	平衡含水率（%）
一般建築用材	エアコン室内	11～12
	通常室内	13～15
	屋外	15～16
家具	エアコン室内	9～11
	通常室内	13～15

（表3）乾燥材の含水率基準

品目		含水率基準（表示値以下、%）	表示記号
造作用製材	仕上材	15、18	SD15、SD18
	未仕上材	15、18	D15、D18
目視等級区分構造用製材、機械等級区分構造用製材	仕上材	15、20	SD15、SD20
	未仕上材	15、20、25	D15、D20、D25
下地用製材	仕上材	15、20	SD15、SD20
	未仕上材	15、20	D15、D20
広葉樹製材		10、13	D10、D13

含水率計の認定品

	認定番号	含水率計
携帯型	1-02-001	高周波木材水分計（HM-520）
	1-03-001	高周波木材水分計（HM8-WS25型）
	1-04-001	CSA高周波式木材水分計（D200XL）
設置型	2-01-003	マイクロ波透過型木材水分計（タイプLA-1）
	2-03-002	マイクロ波透過型木材水分計（MB-3100）
	2-07-001	中性子木材水分計（HYM-1）

（財）日本住宅・木材技術センター認定（2008年4月1日現在）
注）含水率計には認定品と非認定品がある。また、年度によっても異なる

携帯型含水率計

携帯型の含水率計は、材の中心にセッティングするのがポイント。材端部分では正確に測定できない

設置型含水率計

マイクロ波透過式による3点計測の含水率計。製材工場などでは、設置型含水率計により、1本1本の材について、正確な含水率を把握している

木材の基礎知識

構造材として用いる

エンジニアードウッド

造作材として用いる

適材適所な使い方

木材活用術

木材の乾燥

天然乾燥の木材は、仕上がるまでの日数は1年以上かかり希少である。
人工乾燥の木材は、乾燥方法により乾燥時間が異なる

天然乾燥

　天然乾燥は、温度や湿度など自然環境に左右される。そのため含水率を25％以下まで下げるには、膨大な日数と場所が必要である。例えば芯持ちの120角で6カ月～1年以上かかるため希少で全国でも生産量は少ない。天然乾燥材の表面割れを抑えることは難しい。表面割れを軽減させるために背割り入れる方法がある(写真1)。背割りを入れて自然乾燥をすることにより背割りが開いてくる。開きがある程度開ききった材をひと手間かけて修正挽き直しをかけた上で鉋掛けして利用する。自然乾燥の材は色・つや・香りがよく、風合いを楽しむことができる。

人工乾燥

　人工乾燥は、建築需要に合わせて効率的に乾燥庫に入れて乾燥させる技術である。近年の乾燥施設は、重油や軽油などの化石燃料を使わず木材の端材や鉋くずを利用し、木くず焚きボイラーによる蒸気熱利用で高温・中温・低温の温度・湿度コントロールを行い木材の乾燥を行う。また、蒸気を利用して発電も行い自己消費型の循環乾燥システムが構築されている。木材の乾燥は、板材(間柱や集成材のラミナ)と芯持ちの管柱や梁材など乾燥方法が異なる。管柱など芯持ち材の乾燥では、表面割れを抑制させる方法として、高温セット処理などがある。乾燥機のタイプにより温度制御領域が異なり、季節による湿度環境や挽き立ての粗挽き製材の含水率も樹木が活発に成長する梅雨時期から夏場は水分を多く含み季節に合わせた乾燥スケジュールや温度調整が必要である(表)。均一な乾燥を行うためには、同一サイズを1つの乾燥機に入れることにより安定した製品乾燥ができ、木材規格の統一は重要である。

(写真1)背割り

天然乾燥の背割りを入れた化粧柱。化粧面が割れないよう対面に背割りを入れる。含水率変化で背割り面が外側に開いたり戻ったりする。開いた材は、修正挽き直しを行い、鉋仕上げを施す。仕上げ前の120材は、10㎜程度大きい材になっている

(写真2) 乾燥機入庫前の自然乾燥

製材した板類は1〜2カ月天日乾燥を行い、含水率を安定させて乾燥機に入庫する。桟木（木材を乾燥させる際に材と材間に風通しをよくするため材と材間に挟む小角材）は、材端にできるだけ寄せると木口割れを抑えられる

(表) 各種乾燥方法

乾燥方法	温度(℃)	特徴・問題点	乾燥日数(日)
天然乾燥	常温	広い土地と資金が必要、割れ防止は困難	150
除湿乾燥(低温)	35-50	扱いが簡単、長い時間がかかる	28
蒸気式乾燥(中温)	70-80	標準的方法、各種燃料が利用できる	14
蒸気式乾燥(高温)	100-120	乾燥が速い、設備の耐久性に不安がある。内部割れや材色変化が生じやすい	5
燻煙乾燥	60-90	残廃材が利用できる、燃料費が安い、品質管理が難しい、設置場所が限定される	14
高周波・熱風複合乾燥	80-90	乾燥が速い、含水率が均一に仕上がる。一定規模以上でなければ設備費が割高になる	3
蒸煮・減圧前処理 →天然乾燥 →蒸気式仕上げ乾燥	120 10-30 70-80	設備の回転が速い、割れ防止効果がある、屋外放置の時間が長い、材のストックが多く必要	0.5 30 4
天然乾燥 →高周波加熱・減圧乾燥 →天然乾燥	10-30 50-60 10-30	人工乾燥処理が1日で済む、材色がきれい、操作が自動化できる、乾燥処理量が多くないと採算性が悪い、材のストックが多く必要	10 1 10

対象材：スギ心持ち柱、仕上げ寸法：105mm角、背割りなし、仕上げ含水率：20％以下、乾燥日数概略値　　　　出典：「木材工業　51」(森林総合研究所)

(写真3) 各種乾燥設備 (蒸気式)

中温乾燥機・高温乾燥機・減圧乾燥機　　　　木くず焚きボイラーサイロ

木くず焚きボイラー　　　　蒸気発電　　　　乾燥ラミナ養生ヤード

木材の基礎知識

構造材として用いる

エンジニアードウッド

造作材として用いる

適材適所な使い方

木材活用術

乾燥と収縮・割れ・クリープ

**木材は収縮の異方性や乾燥応力の歪みなどによって変形・割れる。
割れによる強度低下はないとされているが、状況に応じた対応が必要**

収縮の異方性と割れ・変形

　木材は、含水率28〜30％の繊維飽和点から15％前後の平衡含水率にいたる間に収縮が進行する。収縮率は樹種によって異なる（表1）。また、年輪の接線方向、年輪の半径方向、軸方向によっても大きく異なり、その比はおよそ10：5：0.5〜1になる（図1）。

　収縮の異方性、特に年輪の半径方向の収縮率に対し接線方向の収縮率が2倍もあることが、木材の乾燥収縮過程で半径方向の割れや、木取りした部材に変形（反り）を起こさせる原因となる（図2・3）。軸方向の収縮は極めて小さいので、通常はあまり問題にならないが、長い梁などでは影響が出ることがある。

乾燥応力の歪みによる割れ

　収縮の異方性に加え、乾燥過程での乾燥応力の歪みも割れを助長する要因となる。

　乾燥はまず表層から進み、繊維飽和点に達することで収縮を始めるが、その間、内部の乾燥は進まず収縮しない。そのため、まず表面割れが生じる。続いて乾燥末期になると、内部が繊維飽和点に達し、収縮が進行して内部割れが生じる。木材の切断面（木口）は、これらに先行して乾燥が進み木口割れが生じる。いずれも半径方向の割れである。

　こうした割れ出現の多少や大小は、樹種、乾燥の状態、速度、乾燥方法によって差が生じる。

　なお、竣工後しばらくの期間、住宅の梁や柱が音を出して割れるのは、未乾燥材表層の乾燥進行によるものである。

割れと強度の関係

　木材の割れと圧縮や曲げなどの強度との関係については、「強度の低下はほとんどない」という試験結果が多く報告されている。しかし、割れが接合金物のボルトや釘などと絡む場合や、表裏の割れが直径方向に連続してしまう貫通割れなどに関しては、状況に応じた対応が必要となる。

クリープ現象と含水率

　木材に荷重がかかるとその荷重に応じた変形が生じる。荷重がかかった状態のままにした場合、この変形量は徐々に増加してゆく。この現象を「クリープ」という。

　荷重が材料強度（曲げ、引張、繊維方向圧縮各強度など）の1/2程度のレベル＝クリープ限界以内では、最終変形量は弾性変形の1.6から2倍になるといわれている。この範囲内であれば、荷重を取り除くことで変形は回復していくが、一部の変形は残る。

　材にクリープ限界を越える荷重を長期間かけ続けると、最終的には破壊する。

　なお、クリープ変形は木材の含水率に大きく影響される。曲げ変形に関して、初期変形を1とすると、乾燥材なら2倍程度であるが、生材では3.5倍ほどになるという試験結果が報告されている（図4）。

　平衡含水率に達していない材は、生材とほとんど同じ変形をするともいわれている。そのため、梁などに生材を使う場合には、これに配慮した材断面の割増しを検討する必要がある。

● 異方性
物質の物理的性質が方向によって異なること

● 木取り
木材から必要な寸法の材を切り取ること

● 弾性変形
材に外力が作用したときにその内部に生じる力を応力という。応力と歪みが比例している範囲での変形を弾性変形という

（表１）スギ、ヒノキの収縮率

単位：％

樹種	気乾収縮率		全乾収縮率		平均収縮率		
	接線方向	半径方向	接線方向	半径方向	接線方向	半径方向	軸方向
スギ	3.5	1.1	7.2	2.4	0.26	0.09	0.011
ヒノキ	3.5	1.5	6.4	3.1	0.21	0.11	0.013

気乾収縮率：生材から気乾（含水率約15％）までの収縮率
全乾収縮率：生材から全乾（含水率０％）までの収縮率
平均収縮率：気乾状態の木材の含水率が１％減る（増す）と、その木材が何％縮む（伸びる）かを表す数字
注：この数値は、無欠点小試片から求めたもので、実大材のそれはこれよりも小さい
出典：森林総研、マジソン林産研究所

（図１）収縮の異方性

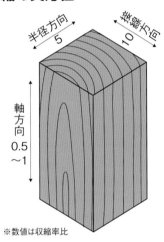

※数値は収縮率比

（図２）乾燥による木材の収縮

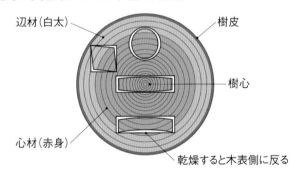

（図３）乾燥に伴う収縮と変形・割れ

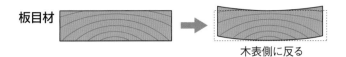

板目材　木表側に反る

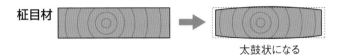

柾目材　太鼓状になる

柾目材　反らない

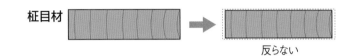

心持ち材　4方向に割れが生じる

背割り　背割りに割れが集中

心去り材（四方柾）　菱形に変形

（図４）乾燥材と未乾燥材のクリープ試験結果

初期変形が１のときのクリープ変形は乾燥材なら約２倍、未乾燥材だと3.5倍になっている。このグラフから、木材は乾燥させたほうがクリープ変形は小さくなることが分かる。
もし、やむを得ず未乾燥材を使う場合は、断面を大きくして、初期変形を小さくしておくとよい。そうすればクリープ変形量も小さな値となる。たとえば、初期変形を0.5としておけば、クリープ変形は0.5×3.5＝1.75となり、乾燥材と同等の変形量で済む。ただし、このときは乾燥収縮に対応できるような接合方法と仕上げとすることが重要になる。

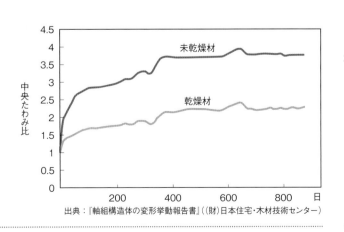

出典：『軸組構造体の変形挙動報告書』（（財）日本住宅・木材技術センター）

木材の基礎知識

構造材として用いる

エンジニアードウッド

造作材として用いる

適材適所な使い方

木材活用術

木材の流通規格（JAS）

JASの寸法は尺貫法をもとにつくられた。
JAS構造用製材の仕上げ材含水率基準は20％以下

製材の寸法

JAS（日本農林規格）には、下地用製材および構造用製材の標準寸法がある（表1・2）。

JASのもとになっているのは、伝統的に使われてきた尺、寸、分の尺貫法である。したがって、梁や柱の木口は短辺が3寸（約90mm）以上で、長辺は1寸（約30mm）刻みで増えていく。根太や垂木、筋かい、貫の厚みは5分（約15mm）以上で、こちらは1分（約3mm）刻みで増えていく。

JASの規格には390mmまであるが、国産材は360mm以上の流通がほとんどないので、設計上は極力300mm以下となるように工夫したほうが現実的である。

丸太の寸法

丸太の側面のみを切り落としたものを太鼓梁または太鼓落としと呼び、「末口180」などと表示する（図）。樹木の根元を元口、先端側を末口というが、これは末口のほうが元口よりも径が細いことから、断面の最低寸法を指定していることになる。長さは6尺（1.82m）、10尺（3.0m）、12尺（3.65m）、13尺（4.0m）、20尺（6.0m）が一般的だ。4m材は木造住宅の間取りを考慮して、2間（3.64m）まで対応できるようにしたものである。

一方、柱は木造住宅の標準的な階高2.7mを考慮し、管柱用は3m、通し柱用は6mに製材されることが多い。

JAS製品の規定

JASの寸法は、一般にその後の収縮を考慮し大きく設定している。

構造用製材と下地用製材で規格が異なる。しかし、これらは工場出荷時の寸法であるため、監理上は収縮による寸法不足などを確認することが望ましい。

なお天然乾燥処理製材の含水率のJAS基準は、30％以下と定められている。一般にKD材の使用が指定されている場合は、含水率が20％以下でも天然乾燥材は使用できないので注意を要する。また、背割り材は、JAS製品としては取扱い除外となっている。

- **木口**
  木材の切り口。断面

- **短辺**
  木口の短い方の辺

- **長辺**
  木口の長い方の辺

- **管柱**
  2階建て以上の建築物で、上の階の床部で中断した柱

- **通し柱**
  2階建て以上の建築物で、下の階から上の階まで継ぎ目なしに1本で通した柱

- **KD材**
  Kiln Dry Woodの略。人工的に乾燥させた木材

（表1）JAS-下地用製材の標準寸法

木口の短辺 (mm)					木口の長辺 (mm)										材長 (m)				
9					75		90	105	120	135	150	180	210	240	270	300	1.82	2.00	3.00		4.00
12					75	80	90	105	120	135	150	180	210	240	270	300	1.82	2.00	3.00	3.65	4.00
15					75		90	105	120	135	150	180	210	240	270	300	1.82	2.00	3.00	3.65	4.00
18	36		45	55	75		90	105	120	135	150	180	210	240	270	300	1.82	2.00	3.00	3.65	4.00
21	36		45	55														2.00	3.00		4.00
24	36		45	55						（板類）							1.82	2.00	3.00	3.65	4.00
36	36		45															2.00	3.00	3.65	4.00
40		40			（角類）													2.00	3.00		4.00
45																	1.82	2.00	3.00	3.65	4.00

出典：JAS 1083 製材

木材の基礎知識

構造材として用いる

エンジニアードウッド

造作材として用いる

適材適所な使い方

木材活用術

(表2)JAS-構造用製材の標準寸法

木口の短辺 (mm)	木口の長辺 (mm)																						
	36	39	45	55	60	66	75	80	90	100	105	120	135	150	180	200	210	240	270	300	330	360	390
15									90		105	120											
18									90		105	120											
21									90		105	120											
24									90		105	120											
27			45		60		75		90		105	120											
30		39	45		60		75		90		105	120											
36	36	39	45		60	66	75		90		105	120											
39		39	45		60		75		90		105	120											
45			45	55	60		75		90		105	120											
60					60		75		90		105	120											
75							75		90		105	120											
80								80	90		105	120											
90									90		105	120	135	150	180		210	240	270	300	330	360	
100										100	105	120	135	150	180		210	240	270	300	330	360	390
105											105	120	135	150	180		210	240	270	300	330	360	390
120												120	135	150	180		210	240	270	300	330	360	390
135													135	150	180		210	240	270	300	330	360	390
150														150	180		210	240	270	300	330	360	390
180															180		210	240	270	300	330	360	390
200																200	210	240	270	300	330	360	390
210																	210	240	270	300	330	360	390
240																		240	270	300	330	360	390
270																			270	300	330	360	390
300																				300	330	360	390

出典：JAS 1083 製材

(図)角材と太鼓梁

①角材

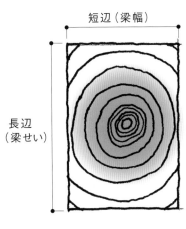

短辺（梁幅）

長辺（梁せい）

75mm以上の正方形断面は正角、長方形断面は平角という

②太鼓梁（太鼓落し）

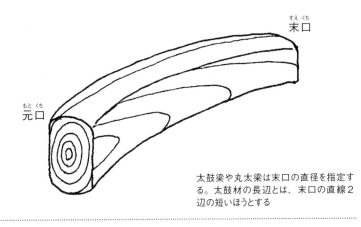

末口（すえくち）

元口（もとくち）

太鼓梁や丸太梁は末口の直径を指定する。太鼓材の長辺とは、末口の直線2辺の短いほうとする

等級区分材（JAS）と無等級材

JASの等級区分には目視等級と機械等級の２つがある。ただし、無等級材だからといって強度が劣るというわけではない

目視等級区分と機械等級区分

JASの等級区分方法には目視によるものと機械によるものがある。

目視等級区分法は、節・割れなどの欠点を、JASの資格者が目で見て確認し等級分けするもので、以下のように区分されている。

主に高い曲げ性能を必要とする梁などの部分に使用される材が「甲種構造材」で、断面寸法により構造用ⅠとⅡの２種類に区分される。圧縮性能を必要とする部分に使用する材が「乙種構造材」である。柱、床束など主として縦使い用途の構造材で、欠損や割れなどによって１〜３級に分類されている（図１）。

一方、機械等級区分法は、曲げ試験機などにより、非破壊的に測定される曲げヤング係数にもとづき、強度の等級区分を行う方法である（表１）。

ヤング係数と木材の強さとの間には統計的に高い相関関係があり、目視等級区分法に比べると、より高い精度で強度別の仕分けが可能になる。ただし、機械等級区分構造用製材のJAS認定を取得するには、認定された機械等級区分装置を使用しなければならない。

無等級材

JASの等級区分を行っていない製材品を「無等級材」という（図２）。

実は国内に流通する製材は、無等級材が主流である。たとえば、栃木県内の製材工場約150社中JASの等級区分を行える認定工場は、8社しかない（2010年10月現在）。また、市場では等級区分された材と無等級材が、ほぼ同価格で流通しているのが現状である。

とはいえ、木に精通する大工が減少し、分業化が進んだ現在では、木の性能は標準的な尺度で評価する必要がある。

そのため建築基準法では、JASの目視等級区分から無等級材まで、一般に使用されるマツ、スギ、ヒノキなどの樹種ごとに基準強度を定めている（表２）。このように法律で無等級材と等級区分材の別なく扱われていることからも分かるように、無等級材だからといって強度が劣ることにはならない。

● ヤング係数
物質の「硬さ」を表す値の一つで、物質に外部から力が加わったときの"変形しにくさ"を数値化したもの
→p.30 参照

（図１）目視等級の表示

等級ごとに★で示される。ただし、太鼓材は★の後に「たいこ」の表示を入れる

等級	1級	2級	3級
星印	★★★	★★	★

格付士による目視選別の様子

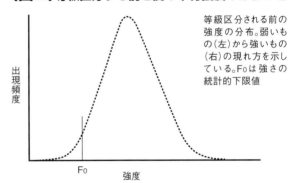

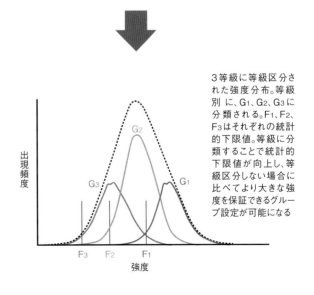

（表1）JASの機械等級区分構造用製材に対応した基準強度と基準弾性係数

樹種	等級	基準強度（N/mm²）				基準弾性係数（kN/mm²）		
		F_c	F_t	F_b	F_s	E_0	$E_{0.05}$	G_0
アカマツ、ベイマツ、ベイツガ、エゾマツ、トドマツ	E50	—	—	—	目視等級区分構造用製材に対応した表にしたがって、樹種ごとの基準強度の値を適用する	—	—	E_0の値の1/15とする
	E70	9.6	7.2	12.0		6.9	5.9	
	E90	16.8	12.6	21.0		8.8	7.8	
	E110	24.6	18.6	30.6		10.8	9.8	
	E130	31.8	24.0	39.6		12.7	11.8	
	E150	39.0	29.4	48.6		14.7	13.7	
カラマツ、ヒノキ、ヒバ	E50	11.4	8.4	13.8		4.9	3.9	
	E70	18.0	13.2	22.2		6.9	5.9	
	E90	24.6	18.6	30.6		8.8	7.8	
	E110	31.2	23.4	38.4		10.8	9.8	
	E130	37.8	28.2	46.8		12.7	11.8	
	E150	44.4	33.0	55.2		14.7	13.7	
スギ	E50	19.2	14.4	24.0		4.9	3.9	
	E70	23.4	17.4	29.4		6.9	5.9	
	E90	28.2	21.0	34.8		8.8	7.8	
	E110	32.4	24.6	40.8		10.8	9.8	
	E130	37.2	27.6	46.2		12.7	11.8	
	E150	41.4	31.2	51.6		14.7	13.7	

$E_{0.05}$は変形が極めて重視される部材あるいは圧縮力に対して単独で働く主要な部材である場合に用いる。ただし、円柱類にあっては、スギ、カラマツ、ヒノキに限る

機械等級測定画面

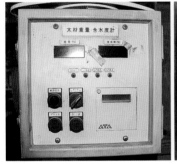
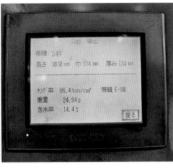

（図2）等級区分する前と後の木材強度のばらつき

等級区分される前の強度の分布。弱いもの（左）から強いもの（右）の現れ方を示している。F_0は強さの統計的下限値

3等級に等級区分された強度分布。等級別に、G_1、G_2、G_3に分類される。F_1、F_2、F_3はそれぞれの統計的下限値。等級に分類することで統計的下限値が向上し、等級区分しない場合に比べてより大きな強度を保証できるグループ設定が可能になる

（表2）無等級材の基準強度（H12国交省告示1452号）

	樹種	圧縮（N/mm²）	引張（N/mm²）	曲げ（N/mm²）	せん断（N/mm²）
針葉樹	アカマツ、クロマツ、ベイマツ	22.2	17.7	28.2	2.4
	カラマツ、ヒバ、ヒノキ、ベイヒ	20.7	16.2	27.7	2.1
	ツガ、ベイツガ	19.2	14.7	25.2	2.1
	モミ、エゾマツ、トドマツ、ベニマツ、スギ、ベイスギ、スプルース	17.7	13.5	22.2	1.8
広葉樹	カシ	27.0	24.0	38.4	4.2
	クリ、ナラ、ブナ、ケヤキ	21.0	18.0	29.4	3.0

木材の基礎知識

構造材として用いる

エンジニアードウッド

造作材として用いる

適材適所な使い方

木材活用術

木材の強度（JAS）と ヤング係数

JASでは樹種ごとにヤング係数にもとづく基準強度が規定されている。 ヤング係数の計測方法は実荷重測定式と打撃音法の２つがある

強度の計測方法

一般に、木材の強度を正確に測定するには破壊試験が必要である。しかし、破壊しては材料として使えなくなるので、実際には木材強度と高い相関関係にあるヤング係数（弾性係数・ひずみ度）を測定し、強度の等級区分を行う方法が採用される（表）。

ヤング係数は柔らかい樹種ほど低くなるが、粘り強いスギ材などは、ヤング係数が低くても基準強度は高く規定されている。逆に、ヤング係数が高いといわれるベイマツは、等級により強度に大きな差がある。

欠陥住宅問題や阪神・淡路大震災を契機に、住宅の強度に関する法令が改定され、木材の強度規定も見直された。そのため樹種ごとに、ヤング係数にもとづいた基準強度が規定されたという経緯がある。

ヤング係数

ヤング係数とは、物質の「硬さ」を表す値の１つで、物質に外部から力が加わったときの"変形しにくさ"を数値化したものである。

たとえば、木材の梁の中心に荷重をかけると、曲げられてたわむ。このときの変形量は、荷重の大きさや、部材のスパンおよび断面形状、材質によって異なる。このうち材質に該当するものがヤング係数である。この係数が大きいものはたわみにくく、小さいものはたわみやすい。

JASでは、木材のヤング係数を等級分けしている（写真１）。

ヤング係数の計測には、実荷重測定式と打撃音法がある（写真２・３）。

実荷重測定式は、使用する状態に近いかたちで荷重をかけるもので、より正確な測定ができる。

打撃音法は、木材の木口をたたいたときに出る音の高さを、FFTアナライザという機械測定器で測り、「音の高さ」「木材の密度」「木材の長さ」などから計算する方法である。断面形状による制限はない。ただし、音による測定のため工場など騒音の激しい場所での使用には注意が必要である。

現在の選別の主流は打撃音法で、等級分けには曲げ式を使用している。

●基準強度
建築基準法で定められた構造材料の強さで、複数の強度試験の5％下限値で決められる。木材の基準強度には、圧縮（Fc）・引張（Ft）・曲げ（Fb）・せん断（Fs）がある

髄からの年輪数と 曲げ強度の関係 （カラマツの例）

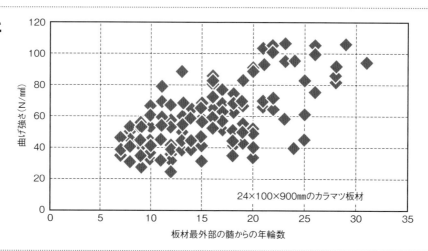

24×100×900mmのカラマツ板材

年輪数が多く、年輪の密度が高いものほど、強度が高くなる

(表)JASの目視等級区分構造用製材に対応した基準強度と基準弾性係数

樹種	区分	等級	基準強度（N/mm²）				基準弾性係数（kN/mm²）		
			F_c	F_t	F_b	F_s	E_0	$E_{0.05}$	G_0
ベイマツ	甲種構造材	1級	27.0	20.4	34.2	2.4	12.0	8.5	E₀の値の1/15とする
		2級	18.0	13.8	22.8				
		3級	13.8	10.8	17.4				
	乙種構造材	1級	27.0	16.2	27.0				
		2級	18.0	10.8	18.0				
		3級	13.8	8.4	13.8				
カラマツ	甲種構造材	1級	23.4	18.0	29.4	2.1	9.5	6.0	
		2級	20.4	15.6	25.8				
		3級	18.6	13.8	23.4				
	乙種構造材	1級	23.4	14.4	23.4				
		2級	20.4	12.6	20.4				
		3級	18.6	10.8	17.4				
ヒノキ	甲種構造材	1級	30.6	22.8	38.4	2.1	11.0	8.5	
		2級	27.0	20.4	34.2				
		3級	23.4	17.4	28.8				
	乙種構造材	1級	30.6	18.6	30.6				
		2級	27.0	16.2	27.0				
		3級	23.4	13.8	23.4				
スギ	甲種構造材	1級	21.6	16.2	27.0	1.8	7.0	4.5	
		2級	20.4	15.6	25.8				
		3級	18.0	13.8	22.2				
	乙種構造材	1級	21.6	13.2	21.6				
		2級	20.4	12.6	20.4				
		3級	18.0	10.8	18.0				

(写真1)ヤング係数測定終了後に出荷される木材

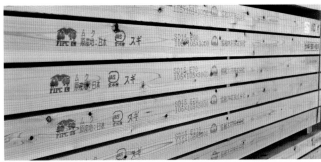

ヤング係数の測定が終了し、JASに則った木材には刻印が施され、市場に出荷される

(写真3)打撃音法によるヤング係数の測定

重量計の上に材を置き、材の木口に打撃を加える。このときに出る音の高さなどからヤング係数を計算する

(写真2)実荷重測定式によるヤング係数の測定

3m×12cm角の材に250kgの荷重で歪みの測定を実施しているところ。実荷重測定は、実際の使用状況に近いかたちで荷重をかけるため、正確なヤング係数を測定できる

標準偏差

標準偏差は木の特性を表す手法として有効である。
曲げ性能のばらつきはどの樹種でも見られる

平均値と標準偏差

　ある集団について、データがどのように分布しているかを知るためには、平均値をみる方法と分散度(ばらつきの具合)をみる方法がある。平均値をみる場合は算術平均が用いられ、分散度をみる場合には標準偏差が用いられることが多い。

　一般に平均値μは、データXnの合計をその数nで割った単純平均が多く使われている。その平均値は$\mu = (X_1 + X_2 + X_3 + \cdots + X_n)/n$で表される。

　しかし平均値だけでは、データがどのように分布しているか分からないため、そのばらつき具合を示すものが必要になる。それが標準偏差である。標準偏差は、自然素材である木の特性を表す手法として有効だ。木材の曲げ性能試験結果の数値のばらつきを知れば、各木材の曲げ性能に関する特性が分かる。

曲げ性能のばらつき

　標準偏差σは次の式で表される。

$Xn - \mu$（偏差）

$$\sigma^2 = \Sigma (Xn - \mu)^2 / n（分散）$$

（上記の偏差を2乗したもの$(Xn - \mu)^2$の和を、その数nで除したもの）

$$\sigma = \sqrt{\Sigma (Xn - \mu)^2 / n}（標準偏差）$$

（上記分散の平方根）

　この数値が大きいほど、ばらつきは幅広いものになる。

　では曲げ性能試験の実例を利用し、曲げヤング係数と曲げ強度の標準偏差を確認する。栃木県産材のスギ平角材(KD材)の曲げ性能試験の結果(表)の標準偏差をみると、同じ木口長辺(梁せい)でも曲げヤング係数、曲げ強度にばらつきのあることが分かる。また、245本あるスギ平角材のなかでの曲げヤング係数の出現頻度(図)をみても、広範囲にばらついているのが確認できる。

　このようなばらつきは、ほかの樹種においても大小問わず見られる。このように、標準偏差はヤング係数、曲げ強度のばらつきを知る尺度として実に有効なのである。

● 曲げヤング係数
曲げ破壊試験において、弾性領域の曲げ剛性を表した最大値

● 曲げ強度
曲げ破壊試験において、試験体の破壊時における耐力を応力で表した値

実大曲げ破壊試験

試験前

試験後　　　　　　　　　　　　　　　写真提供：栃木県林業センター

（表）スギKD材の断面別実大曲げ破壊試験の結果

梁せい （mm）	下部支点 スパン （mm）	上部曲げ スパン （mm）	供試体数 （体）	最大荷重 平均値（kN） 標準偏差 最小値 ～ 最大値	曲げヤング係数 平均値（kN㎜） 標準偏差 最小値 ～ 最大値	曲げ強度 平均値（N/㎜） 標準偏差 最小値 ～ 最大値
150	2,700	900	30	43.29 8.04 25.52 ～ 60.76	8.26 1.50 4.87 ～ 11.74	43.3 8.05 25.5 ～ 60.8
180	3,240	1,080	30	45.45 8.68 25.36 ～ 61.12	8.03 1.29 4.34 ～ 10.52	40.6 7.79 22.6 ～ 54.7
210	3,780	1,280	37	50.62 10.70 30.88 ～ 74.12	8.06 1.57 4.76 ～ 11.89	41.3 8.75 25.2 ～ 60.5
240	3,780	1,280	35	63.94 10.53 41.722 ～ 81.84	7.92 1.27 5.63 ～ 10.23	41.0 6.77 26.7 ～ 52.6
270	3,780	1,350	24	79.78 14.03 50.80 ～ 107.10	7.25 1.12 5.93 ～ 9.95	40.3 7.09 25.7 ～ 54.1
300	4,800	1,600	28	79.68 10.78 60.40 ～ 96.50	7.84 1.37 5.54 ～ 10.27	45.5 6.17 34.5 ～ 55.2
330	4,800	1,650	29	95.64 12.73 67.60 ～ 114.00	7.64 0.80 5.41 ～ 9.31	45.5 6.07 32.1 ～ 54.3
360	5,780	1,920	32	82.26 13.52 58.30 ～ 105.40	7.30 1.06 5.34 ～ 9.73	42.1 6.93 29.9 ～ 54.0
			245		7.81 1.31 4.34 ～ 11.89	42.4 7.45 22.6 ～ 60.8

3等分点4点荷重法（（財）日本住宅・木材技術センター 「構造用木材の強度試験法」に準ずる）にて実施。
試験スパンは標準（梁せいの18倍）を原則とし、それ以外は梁せいに応じ許容スパン内で実施
データ提供：栃木県林業センター

（図）曲げヤング係数の出現頻度

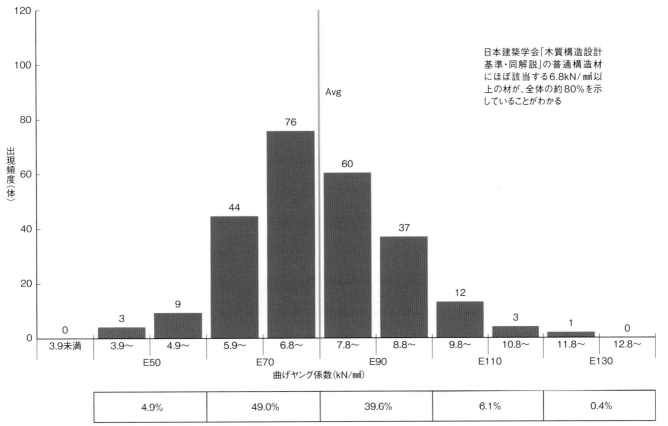

日本建築学会「木質構造設計基準・同解説」の普通構造材にほぼ該当する6.8kN／㎜以上の材が、全体の約80%を示していることがわかる

データ提供：栃木県林業センター

木材の基礎知識

構造材として用いる

エンジニアードウッド

造作材として用いる

適材適所な使い方

木材活用術

Column

木材の防火性能

■ 防火性能論議の混乱

建物や建築材料の防火性能を議論する際、「異なる防火性能を同一に論じる」という混乱がよく見られる。ひとくちに防火性能といっても、目標とする性能によってさまざまな視点がある。分類すると、①着火防止性能、②発熱・発煙防止性能、③延焼防止性能、④崩壊抑制性能、となる。

①と②は、主として建築材料に必要とされる防火性能で、「燃えないこと」を良とするものである。③と④は、主として建物の外壁や床などの部材に必要とされる防火性能で、「燃え抜けないことや壊れないこと」を良とするものである。

建築基準法では、①や②の性能を有する材料を不燃材料(20分間燃えないもの)、準不燃材料(10分間燃え抜けないもの)、難燃材料(5分間燃え抜けないもの)と位置づけ、居住者が安全に避難できるように、不特定多数の人が利用する施設やコンロなどの火気を使用する部屋の壁、天井の仕上材を規制している(内装制限)。また、③や④の性能を有する部材を防火構造、準耐火構造、耐火構造と位置づけ、密集地の建物や高層建物の外壁や床、柱、梁などの主要構造部に用いるよう規制している(構造制限)。

■ 木材の燃え方

木材は可燃物であるので、外部から強い加熱を受けると表面に着火する。ただし、着火と同時に表面に炭化層を形成する。炭化層は空洞に空気を含んだ断熱材といえるので、木材表面に均一に炭化層が形成されると内部へ入る熱量が軽減され、なかなか内部に燃え進まない。材料が太いほど、また厚いほど、炭化層は脱落することなく均一に形成される傾向がある。たとえば、150㎜角以上の大断面の材料が燃え進む速度は0.6㎜/分程度、12㎜厚の板は1.0㎜/分程度といわれている。すなわち、木材は、着火はするがゆっくり燃え進む材料といえる。したがって、材料を太く厚く使うことで、③や④の延焼防止性能や崩壊抑制性能を向上させることができるのである。

一方、①や②の防火性能を確保するには、木材に難燃薬剤を含浸させ、発炎・発熱・発煙しないように改質する必要がある。現在、不燃材料や準不燃材料の国土交通大臣認定を取得した木材(樹種や厚さの制限がある)が実用化され、流通している。

■ 崩壊防止と延焼防止の概念

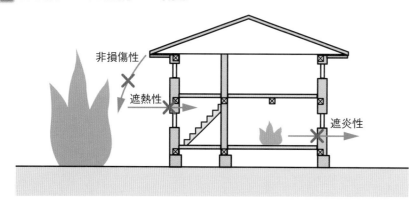

非損傷性	:壊れない
遮 熱 性	:裏面に熱を伝えない
遮 炎 性	:火炎を出さない

CHAPTER 2

構造材として用いる

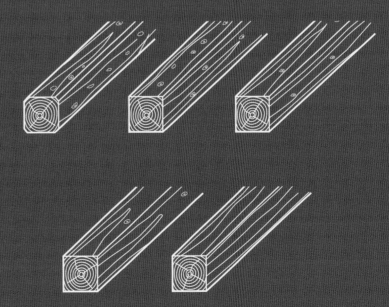

構造材の産地

国内で最も広く分布している樹種は、スギ、ヒノキである

国産材の産地

　木材は建築用資材として用いられる身近な資源であり、計画的に利用すれば、再生可能な循環型の資源である。CO_2を吸収し固定化することから、地球環境にとっても貴重といえる。木材を供給する森林は、私たちが生活するうえで最も重要な水を、保水したり浄化したりする役割を担う。森林に保水された水は、やがて川となり海にたどり着く。その源流、河川流域が構造材となる木材の産地である。

　国産材素材供給量は平成14（2002）年の1,092万㎡を底として増加傾向、令和元年（2019）年は3,099万㎡となっている。

　産地の詳細は図のとおりで、北海道にはカラマツ、トドマツなどの針葉樹、タモ、ナラなどの広葉樹がある。東北には、建築環境や自然環境の変化などで産出量が減った青森ヒバやアカマツ（ジマツ）、秋田スギ、金山スギなどがある。東北南部以西はスギ、ヒノキが多く、北関東の八溝材や日光材、関東の西川材、東海の天竜材、近畿関西の東濃ヒノキや吉野材、紀州材、九州の飫肥スギなどがある。

輸入材の現況

　輸入材の産出国は主に、米材（ベイマツ）・北米材（2×4材のSPF）、欧州材（ホワイトウッド、レッドウッド）、北洋材（アカマツ）などがある。近年、ベイヒバやベイスギなどは、産出量が減少し輸入量も減少している。世界的に循環型の森林経営計画が行われ、伐採調整や日本以外の需要国の旺盛な購買力により全体的な輸入量が減少。国産材での建築手法が重要な時代となる。

● 輸入量が減少
2020年新型コロナウイルスの影響で世界的な経済活動停滞が発生。輸入材の需給バランスが崩れる「ウッドショック」が発生した

国内の森林

手入れされたスギ林

スギの立樹

植林したスギの若木

（図）構造材の産地マップ

北海道カラマツ・トドマツ

青森ヒバ
青森県津軽地域

秋田スギ
秋田県全域

金山スギ
山形県金山地域

信州カラマツ
長野県全域

安曇野アカマツ
長野県安曇野地域

能登ヒバ
石川県能登地域

木曽ヒノキ
長野県木曽地域

東濃ヒノキ
岐阜県東濃地域

智頭スギ
鳥取県智頭地域

小国スギ
熊本県小国地域

大分材スギ・ヒノキ
大分県日田、佐伯地域

**宮崎材スギ・ヒノキ
飫肥スギ**
宮崎県南東部地域

愛媛スギ・ヒノキ
愛媛県久万地域

土佐スギ
高知県馬路・東洋地域

岡山材スギ・ヒノキ
岡山県美作地域

紀州材スギ・ヒノキ
和歌山県紀州地域

南部アカマツ・カラマツ
岩手県久慈地域

宮城材スギ
宮城県大崎・登米・栗駒・気仙地域

八溝材スギ・ヒノキ
福島・栃木・茨城県境にまたがる八溝山地域

西川材・秩父材スギ
埼玉県秩父・飯能地域

山武スギ・大喜多スギ
千葉県山武・大喜多地域

多摩産材
東京都多摩地域

富士ヒノキ
静岡県富士山麓南部地域

天竜材スギ・ヒノキ
静岡県天竜流域

松坂材スギ・ヒノキ
三重県松坂地域

尾鷲材スギ・ヒノキ
三重県尾鷲地域

吉野材スギ・ヒノキ
奈良県吉野地域

北山スギ
京都府北山地域

木材の基礎知識

構造材として用いる

エンジニアードウッド

造作材として用いる

適材適所な使い方

木材活用術

構造材の選び方

木材は、生育条件によって素性の善し悪しが決まる。
構造材を選ぶときには、JAS認定品や強度の検査表示を目安にする

木材の素性と方向性を見極める

木材は、枝が幾重にも伸び成長するため必ず節が出てくる。節のタイプはさまざまで、構造材として使用する際に注意が必要な節もある。製材JASではこれらの仕分け基準が定められており、格付け選別された材として使用することができる（図1）。

木には素性の善し悪しがあり、生育条件のよい平坦地では、均一で素性のよい木が育つ。一方、急峻な斜面地に育つと、斜面にしがみつこうと根元が張りの強いものや垂直に伸びようとする際に補強作用として木の内部に偏った形成層が出てくる。これを「アテ」というが、アテの強い木は製材したときに反りや曲がりが起きやすいため、上手に原木の造材と製材が必要である（図2）。

柱には、素性のよい丸太を使う。ただし、木が本来生えていた方向と上下逆にして使用する「逆さ柱」には注意が必要だ。心持ちの角材に製材した際には、根元（元口）の方に赤身が多く出る。赤身（木材の芯材部分）は、耐久性を増加させる化学成分を多く含むため、使

用の際は元口を下にするのが正しい。

構造材の選択基準

近年は、高気密・高断熱の住宅が多く、適切な通気・換気計画が重要に。構造材には乾燥材を選択する。

材には、ランク分けを平準化したJAS規格（日本農林規格）と無等級（ノンJAS）製品（22項）がある。製品の材面にグレーディング（含水率・強度［E表示］・製造年月日）を印字したJAS機械等級区分製材品も市場に増えている（図3）。また、任意表示（自主表示）製品もある。強度測定による統計の結果、スギ材の平均強度E-70、ヒノキ材E-90と構造計算をするうえでの目安がわかりやすくなってきている。E-110などハイスペック製品を要望する場合、エンジニアードウッド（集成材など）を選択する方法もある。構造材の品質を保つには、加工技術も重要である。大工による手刻み、仕口形状を簡略化したプレカットなど、加工の方法はさまざまあるが、製造・設計・施工まで含めた相互の連携が重要になる。

● 節
樹木の枝があった部分

● 仕口
2つの木材を直角、あるいは斜めに接合する方法、またその部分

（図1）節の種類

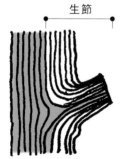

生節

枝が生きている状態で巻き込まれたもの。周囲の組織と連続性があり、色艶がよい。構造材としては問題ない

死節

枝が枯れてから巻き込まれたもの。周囲の組織と分断され、黒色に近い。容易に抜け落ちる。欠損として扱われる

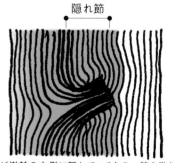

隠れ節

節が樹幹の内側に隠れているもの。節を巻き込む年輪が盛り上がり、乱れている

（図2）針葉樹の圧縮アテ材の形成位置と断面図

傾斜地に生えている樹木の幹には、ほとんど例外なくアテ材がみられる。この現象は植物の屈地性という性質によるもので、植物は水平に保たれていると、上部先端は上方に向かって屈曲し、姿勢を垂直に立て直そうとする。このとき、幹を持ち上げるために、それを支える十分な強度が必要になってくる。その補強作用に加えて積極的に曲がった幹を押し上げる作用がアテ形成の意義である。針葉樹と広葉樹では、その対応がまるで正反対なのである（日本複合材料学会志第13巻第6号（1987）榊原彰氏「木材組織の秘めたるもの」参考）

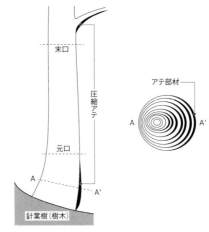

針葉樹の圧縮アテ材の形成位置と断面図

（図3）JAS規格の等級

JAS規格の等級

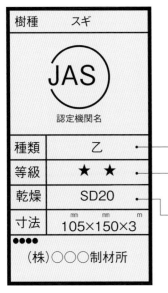

JAS認定マークの一例

樹種	スギ
種類	乙
等級	★★
乾燥	SD20
寸法	105×150×3

種類：強度の検査方法。甲種（目視・曲げ用）、乙種（目視・圧縮用）、機械等級区分がある

等級：強度の等級。1級、2級、3級がある

乾燥：含水率を表す。20%程度が一般的で、構造材の場合15%以下が望ましい

JAS材メーカーでは、含水率20%を標準生産としている場合が多い。人工乾燥による負荷軽減のためである。15%以下要求の際は、生産者との事前協議が必要

木材の慣用的規格・等級

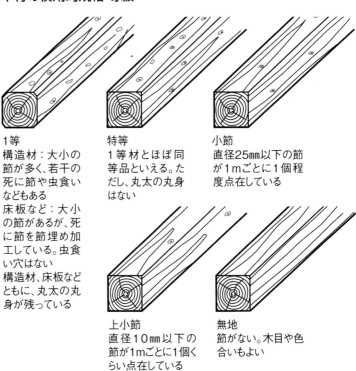

1等
構造材：大小の節が多く、若干の死に節や虫食いなどもある
床板など：大小の節があるが、死に節を節埋め加工している。虫食い穴はない
構造材、床板などともに、丸太の丸身が残っている

特等
1等材とほぼ同等品といえる。ただし、丸太の丸身はない

小節
直径25mm以下の節が1mごとに1個程度点在している

上小節
直径10mm以下の節が1mごとに1個くらい点在している

無地
節がない。木目や色合いもよい

慣用的規格（流通呼名）では、特1等、1等、特等の呼名が混在し地域によってはランクが逆転しているため、JAS規格の分類でどの位置づけなのか把握が必要

（写真）グレーディング材

データ
管柱3m　105×105
FIPCL（木材表示推進協議会　合法木材・原産地表示）
長期優良住宅対応
JASマーク（全木検）日本農林規格
含水率　SD-15、SD-20
（製造時の含水率が15%以下、20%以下であることを表記）
強度（ヤング係数）E-50、E-70、E-90ほか
規格サイズ　105×105×3000
KYOWA（製造メーカー名：協和木材（株））
製造年月日＋ロットNo.200811252555
（2008年11月25日2555番目に製造）
注：原産地や製造元・製造年月日まで表記した製材メーカーもある

ムク材と集成材

木材本来の味わいがあるムク材は、経済性に優れた素材である。集成材は自由な形状、寸法の製品を大量生産できる

ムク材と集成材の特徴

ムク材とは、1本の木から取れるつなぎ目のない木材のことである(写真1)。質感や風合いが魅力の自然素材で、湿度を調整する調湿作用、ストレスを和らげる森林浴効果などの特徴をもつ。集成材に対して歩留まりがよいため、原木の無駄が少ない素材でもある。

一方、集成材の特徴は、自由な形状・寸法の製品を大量に生産できることである(写真2)。近年は、木材の加工技術の進歩で住宅の大量生産が可能になった。さらに、経済の低迷によるコスト削減、工期短縮から集成材が多く使われる傾向にある。工業製品的な均一の木材を安定的に供給する必要が集成材を生んだともいえる(写真3)。

ムク材と集成材の強度比較

建物全体の強度は1本の構造材だけでは決まらない。乾燥具合や接合部の施工方法、施工技術、そして材料がおかれた環境やメンテナンスにも大きく影響を受ける。これを前提に、ムク材と集成材を比較してみると、必ずしも集成材のほうがムク材よりも強度があるとは限らない。

集成材はムク材の1.5倍程度の強度があるといわれることもあるが、それは誤りである。集成材は、積層による材質の平均化と節などの欠点の除去・分散により、最も低い品質のものでも、ムク材より耐力性能の高い製品をつくり出すことができる。しかし、各種の試験結果から、同じ樹種の原木からつくられたムク材と集成材の強度分布を比較すると、あまり変わらないというのが一般的な見解である。

最近は、ムク材の高度な乾燥設備をもった工場が急速に拡大している。同時に、ヤング係数を測定し機械等級区分製材表示のできる工場も増えている。いわゆる、ムクのエンジニアードウッドの登場である。

● 歩留まり
原材料の分量に対する、製造された完成品の量の割合

(写真1)製材されたムク材

つなぎ目がなく、木目も美しいヒノキのムク材。1本の木から取れ、原木のムダが少ない

構造用集成材

断面の大きさにより、大断面、中断面、小断面に区分される。
大断面：短辺が15cm以上、断面積が300cm²以上のもの
中断面：短辺が7.5cm以上、長辺が15cm以上のもの
小断面：短辺が7.5cm未満または長辺が15cm未満のもの

集成材を使用する環境条件に応じ、接着剤の要求性能の程度を示す区分として、使用環境A、B、Cの区分がある。
使用環境A：屋外（防水層の外側）での想定される環境に対応し、かつ、構造物の火災時において高度な接着性能が要求される環境その他構造物の耐力部材として、接着剤の耐水性、耐候性または耐熱性について高度な性能が要求される環境
使用環境B：使用環境Cに加えて、構造物の火災時において高度な接着性能が要求される環境
使用環境C：屋内（防水層の内側）での想定される環境に対応し、構造物の耐力部材として、接着剤の耐水性、耐候性または耐熱性について通常の性能が要求される環境

集成材

図は単一の樹種で構成した集成材。異樹種を組み合わせることもある

ムク材では得られない大断面の材や湾曲した材をつくることができる

（写真２）集成材の木口

カラマツの集成材。コスト削減、工期短縮などの要請から使われることが多い。板材を何層にも重ね、接着剤で接合する

（写真３）集成材の生産と使用例

大型のロータリーで板面を平滑にするプレーナー加工を行っている

カラマツの曲面梁圧着の工程

大断面集成材を使用した文化複合施設

木材の基礎知識

構造材として用いる

エンジニアードウッド

造作材として用いる

適材適所な使い方

木材活用術

スギ

加工性に優れているため、構造材から造作材まで使用範囲が広く、産地ごとに多様な造林方法で産出される樹種である

針葉樹　スギ
名称：杉、椙　分類：スギ科
分布：本州、九州、四国
【物理的性質】
気乾比重：0.38
平均収縮率：0.25％（接線方向）
　　　　　　0.10％（放射方向）
【機械的性質】
曲げヤング係数：7.4GPa　　圧縮強さ：34MPa
曲げ強さ：64MPa　　　　　せん断強さ：5.9MPa

本州以西に広く分布

　スギは本州、四国、九州に広く分布する日本の代表的な樹種の1つ。最近では天然の材は少なく、ほとんどが人工造林から産出されるものである。

　心材と辺材の色の差がはっきりしているが、産地により違いがあり、桃色から濃赤褐色まで、それぞれの色にかなり幅がある。ときには黒いものもあるが、黒心のスギの耐朽性はヒノキの心材と同等。特有の芳香をもっており、消臭効果の高い材ともいわれる。年輪は、夏目（早材）と冬目（晩材）がはっきりしており、肌目は比較的粗い。

幅広い用途をもつ

　材としてはやわらかく、加工性が高い。また、産地ごとに多種多様な方法で造林が行われている。

　古木になると独特の木目が出る材もあり、一般材から高級材までその用途は幅広い。ただし床材として使う際は、肌触りがよく温かさを感じられる反面、比較的やわらかいという樹種の特性をよく理解して使用個所に留意する必要がある。

　用途としては、梁、桁、柱、母屋などの構造部材に使われる。また、間柱、根太、垂木、貫、胴縁、野縁などの端柄材（はがらざい）としても使われる。そのほか、枠材、幅木、鴨居、廻縁、床板、羽目板、天井板などの造作材、あるいは建具材、家具材としても使われる。

　このように、スギは加工のしやすさや用途範囲の広さという点で、万能な木材といえる。

● 心材
樹心周辺の色の濃い部分のこと。樹脂が多く、水分が少なく、強度・耐久性に優れる

● 辺材
原木の表皮に近い白色の部分から得られる木材のこと。水分量が多く、やわらかく腐朽しやすい

● 黒心のスギの耐朽性
奈良県吉野産の樹齢100年超えた黒心のスギで実験された

スギ梁材

スギを柱と梁に使用した例

設計：松原正明建築設計室

柔軟性があり、加工性もよいことから、梁以外にも
造作材や建具材として使われる
設計：野口泰司建築工房（左2点）

立木

真っすぐに伸びる常緑の高木

樹皮

赤褐色または暗赤褐色で、縦に長く裂ける

葉

若木の葉は真っすぐで、老木になるとやや内側に曲がってくる

木口面

心材と辺材の色差がはっきりしている

木材の基礎知識

構造材として用いる

エンジニアードウッド

造作材として用いる

適材適所な使い方

木材活用術

ヒノキ

加工性、保存性に優れるヒノキは、国産材の王様ともいえる。
現在、国内で流通しているのは人工林のヒノキが一般的である

針葉樹　ヒノキ
名称：桧、檜　分類：ヒノキ科ヒノキ属
分布：福島県以南の本州、四国、九州に分布
【物理的性質】
気乾比重：0.44
平均収縮率：0.23％（接線方向）
　　　　　　0.12％（放射方向）
【機械的性質】
曲げヤング係数：8.8GPa　　圧縮強さ：39MPa
曲げ強さ：74MPa　　　　　せん断強さ：7.4MPa

保存性の高いヒノキ

　ヒノキは、日本に産するほかの木材（マツ、スギなど）に比べて比較的乾燥が容易である。また、木理が通直・均質であるため、狂いが少なく加工性がよいという特性をもっている。ヒノキの心材は、耐湿・耐水性にも優れ、保存性が高く、表面をよく研がれたカンナなどで仕上げると、特有の光沢が出る。

建築用材の王様

　ヒノキは古くから建築用材として広く用い
られてきた。世界最古の木造建物といわれる法隆寺が建立された飛鳥時代より、強度・耐久性・加工性のよさ、色艶、香りなどの点で、「木材の王様」の地位を確立していたものと推測される。

天然林と人工林

　現在、一般に建築用材として使われているヒノキは、ほとんどが江戸末期から戦後にかけて植林され、人工的に管理された人工林のものである。一方、天然林のヒノキは、江戸時代中期に幕府直轄の山で厳重に管理され、一般の建築物には使用できないとされたものである。戦後、天然林の多くが国有林となり、現在では、国有林から切り出された天然のヒノキ材は「官材」、人工造林されたものは「民材」と厳密に区分されている。両者の価格は著しく異なる。

　現在流通しているヒノキの産地は、天然林は木曽のみで、人工林は主に吉野、尾鷲、東濃、天竜、和歌山などである。

● 木理
木材の断面に表れている木肌の様子。年輪、繊維などの配列の模様。木目ともいう

立木

常緑樹で多くは高木だが、低木もある

伐採の様子

樹齢を考慮し、1本1本伐採される。労力を必要とする作業だ

ヒノキを柱に使用した例

耐湿性に優れ、加工性もよいことから構造材として広く使われる

ヒノキを土台に使用した例

土台として使用する場合は、必ず心材を用いる

葉

はとんどが鱗片状だが、針状のものを交えるものもある

木口面

辺材と心材の境目はそれほど明瞭ではなく、黄白色

木材の基礎知識

構造材として用いる

エンジニアードウッド

造作材として用いる

適材適所な使い方

木材活用術

カラマツ

成長が早く寒さに強いカラマツは、戦後、大面積で造林されたため資源量が豊富。 横架材として大きな期待が寄せられている

針葉樹　カラマツ
名称：唐松、落葉松　分類：マツ科カラマツ属
分布：北海道、本州岐阜県以北
【物理的性質】
気乾比重：0.50
平均収縮率：0.28％（接線方向）
　　　　　　0.18％（放射方向）
【機械的性質】
曲げヤング係数：9.8GPa　　圧縮強さ：44MPa
曲げ強さ：78MPa　　　　　せん断強さ：7.8MPa

はっきりとした木目

　カラマツは、日本の針葉樹のなかでは珍しく、秋には黄色く紅葉し、落葉する高木である。長野県の佐久地方を原産とする。新芽は、寒い地域に春の訪れを告げてくれる。

　成長が早く、寒さや病害虫に強いことから、戦後、信州〜東北・北海道で大面積に植林された歴史がある。また、ジマツと異なり、真っすぐ天に向かって育つ。ただし「旋回木理」であるため、ねじれながら成長する。

　製材直後は肌色っぽいが、経年変化により赤みの強い渋い褐色となり、脂気が多いことから次第に美しい飴色になっていく。また、夏目と冬目の境界が明瞭で、木目がはっきりとしていて多彩である。

横架材として優れた性質をもつ

　カラマツは、横架材に求められる曲がりにくさ（指標は曲げヤング係数）に優れているため、梁材や桁材に適する。見かけ・構造としての性質ともに、流通量の多いベイマツと似ているため、国産材振興の観点から、輸入材であるベイマツに代わる材として、国産カラマツには期待がかかる。前述のように、戦後、大面積に造林されたことから資源量が多く、現在は構造材がとれるくらいの大きさにまで成長してきている。

　ねじれがあるクセのある樹種だが、近年は乾燥・加工技術が発展してきたおかげで、構造材としての使用も容易になり、その需要が増加している。構造材として、これから期待のかかる樹種といえる。

● 旋回木理
樹心に対して通直ではなく、一方向に旋回している木理

● 曲げヤング係数
材にかかる曲げ応力度とゆがみの程度の関係を表す数値で、単にヤング係数という場合もある

立木

落葉樹で高木。生長が早い

樹皮

タンニンを含んでいる。不規則な鱗片状にはがれる

カラマツを梁に使用した例

曲げ強度が高いことから、横架材と
して使われる
設計：松原正明建築設計室
（事例写真2点）

葉

線形の葉で、長い枝では互生し、短い枝では一緒に出る

木口面

心材は褐色で、辺材は白色だが、経年変化で飴色になる

木材の基礎知識

構造材として用いる

エンジニアードウッド

造作材として用いる

適材適所な使い方

木材活用術

トドマツ

輸入製材と輸入集成材、本州で生産した集成材が主流であるが、北海道産トドマツの製材と集成材が期待されている

針葉樹　トドマツ
名称：椴松　分類：マツ科モミ属
分布：北海道、南千島、サハリン
【物理的性質】
気乾比重：0.40
平均収縮率：0.35％（接線方向）
　　　　　　0.14％（放射方向）
【機械的性質】
曲げヤング係数：7.8GPa　圧縮強さ：32.3MPa
曲げ強さ：63.7MPa　　　せん断強さ：6.4MPa

北海道の主力材

　トドマツは北海道に広く分布し、エゾマツや広葉樹などと混合林をつくっている樹種である。北海道の木材総備蓄量の1／4はトドマツで、針葉樹備蓄に至っては1／2を占める。人工林だけでも80万haほどある。

　これまでトドマツを建築材料として使用することはあまり多くなかったが、ウッドショックを機に一部で製材の生産を行っている。しかし、まだ一般流通に供給出来るほどの量は生産されていない。柱や梁などに使用する場合は、水食いなどで水分が抜けにくい部分があり、乾燥不良、割れの原因となることがあるため、ラミナで乾燥したものを張り合わせて集成材の柱や梁にするのが一般的。

仕上材としても使いやすい

　トドマツの年輪は比較的はっきりしているが、心材と辺材の差は不明瞭。色は、一様に白色もしくは黄白色である。

　また、ほかのモミ属同様、カビやシロアリに対する耐朽性が低い。そのため、北海道以外で構造材として使用するのは、あまりお勧めできない。

　ただし、心材と辺材の色差が少ないうえ、小径木などであれば節が小さく、内装の仕上材（羽目板、フローリング等）としても使いやすい。材の色合いが濃厚でなく、主張しすぎない点が有利に働くからである。

● 一部で製材の生産
間柱や集成材の生産も始まり、DIY材（ホームセンター向け、ワンバイフォー、ツーバイフォー）で使われているが、量としてはまだまだ少ない

● 水食い
心材の含水率が周囲に比べて異常に高い、水分過多状態のこと

立木

常緑樹の高木で、大木になる

樹皮

灰青色で、壮齢樹になるとざらつきが出る

トドマツを使用した例

トドマツを梁と柱に使用。自然の色合いを生かしたナチュラルな仕上がり

ダークに塗装したトドマツの梁。白い壁と合わせてシックな印象に

葉

先端がわずかにくぼんでいて、下面がやや白い

木口面

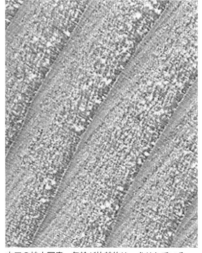

木口の拡大写真。年輪が比較的はっきりしている

木材の基礎知識

構造材として用いる

エンジニアードウッド

造作材として用いる

適材適所な使い方

木材活用術

ベイマツ

辺材と心材の色の違いが明確な樹種。
重硬な材で、構造用の輸入材として広く知られている

針葉樹　ベイマツ
名称：米松　分類：マツ科トガサワラ属
分布：米国、カナダ
【物理的性質】
気乾比重：0.51
平均収縮率：0.33％（接線方向）
　　　　　　0.14％（放射方向）
【機械的性質】
曲げヤング係数：11.8GPa
圧縮強さ：44MPa　　　曲げ強さ：81MPa

北米大陸の太平洋岸に生息

　マツという名前がつけられているが、国産のアカマツなどのマツ類とは別の樹種である。北米大陸の太平洋沿岸部に分布し、カナダのブリティッシュコロンビア州から米国のカリフォルニア州まで生育している。国内輸入量が最も多い樹種の1つで、ベイツガと1～2位を争っている。樹脂道があるために、国産のマツと同様、"やに"が表面ににじみ出てくることがある。

構造材として知られる

　辺材と心材の色の違いが明らかで、年輪もはっきりしており、肌目は粗い。成長の仕方により心材の色に違いがあり、黄色ないし黄色を帯びた赤褐色を見せる。年輪幅が狭く比重が低い材はイエローファー、赤褐色で年輪幅が広く比重の高い材はレッドファーと呼ばれる。針葉樹のなかでは重硬な材で、耐朽性、保存性も高い。大径の丸太が多く、木取りは心持ち材より割角材のほうが多い。

　耐久性、加工性に優れており、建築用材としてよく使われる。最もよく知られた構造用の輸入材で、梁、桁、母屋、大引などに用いられる。また、端柄材や造作材にも使われる。化粧用としては、特に、古木で目細のピーラーと呼ばれる良質材に人気がある。最近は集成材としても利用され、異樹種混合のスギとベイマツを合わせたハイブリットビームなどもある。

● 木取り
大型の木材から必要な寸法の材を切り取ること。またそのために切る位置などを決めること

● 心持ち材
樹心（髄）を持つ製材品

● 端柄材
板類や根太、垂木、貫などの小角材の総称

● 造作材
天井や床、枠や鴨居、長押、敷居など建築内部の仕上げ材、取付け材の総称

梁材

梁のほか、桁、大引などにも使用される

木口面

年輪が鮮明で、辺材は淡黄色、心材は赤褐色

ベイマツを梁に使用した例

重硬で耐朽性、加工性に優れていることから、横架材として使用されることが多い

ベイマツを軒桁・垂木に使用した例

強度が高いため、屋根の荷重を支える軒桁に使用

木材の基礎知識

構造材として用いる

エンジニアードウッド

造作材として用いる

適材適所な使い方

木材活用術

ベイツガ

北米産出の低価格材で、最大の輸入量を誇る。
保存処理することで構造材、造作材として利用される

針葉樹　ベイツガ
名称：ウェスタンヘムロック、米栂
分類：マツ科ツガ属
分布：米国アラスカ州、米国南西部
【物理的性質】
気乾比重：0.48
平均収縮率：0.32％（接線方向）
　　　　　　0.10％（放射方向）
【機械的性質】
曲げヤング係数：10.3GPa　圧縮強さ：40MPa
曲げ強さ：74MPa　　　　　せん断強さ：7.8MPa

米国アラスカ州が産地

　生息地は、米国のアラスカ州南部から南西部までの太平洋岸地域である。カナダで産出されるカナダツガもある。日本国内で流通している材は、ベイツガとカナダツガの両者が占めている。国内に輸入される際は、モミ類と共に、ヘムファーとも呼ばれる。

　北米大陸から日本国内へ輸入される製材のうち、ベイツガの輸入量は1〜2位を争う。輸入量が多い理由は、低価格が大きな魅力だからだろう。ただし、材料強度や材質のバラツキが大きいため、米国ではあまり高く評価されていないようである。

桃色で緻密な肌目が特徴

　ベイツガは、全体に桃色を帯びた白色ないしは淡い黄白色で、辺材・心材の境目がはっきりしない。木理は通直、肌目は緻密で国産のツガと比べても遜色がない。やや軽軟で加工性はよいが、割れやすい傾向にある。耐朽性は低く、入皮（いりかわ）のような欠点が多く見られる。気乾比重の平均値は0.48で、特に水分があるところでは比較的腐りやすい。また、耐久性の問題から、使用用途により保存処理（薬品処理）される。

　柱や土台などの構造材として使われるが、丸太自体が太い材で製材されるため、割角（芯をもたない角材）も多い。土台として使う場合は、薬品で保存処理する。同様に、保存処理により貫、胴縁などの端柄材（はがらざい）としても用いられる。このほか、鴨居、長押、枠材などの造作材としても使われる。

● 入皮
樹皮の一部が幹に巻き込まれ、年輪に挟まれるように木部に残ったもの

● 気乾比重
木材を大気中で乾燥させた状態の重さとを、その材の体積で割った値。木材では一般に、含水率15％時の比重を指す

立木

高木で、日陰でも生育する

樹皮

縦に裂け、鱗片状にはがれる

木口面

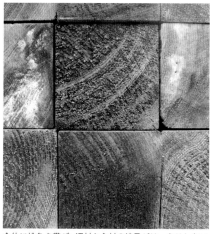

全体に桃色を帯び、辺材と心材の境目がはっきりしない

ベイツガを土台に使用した例

軽軟で加工性がよいことから、柱や土台などに使われる
写真提供：越井木材工業

ベイツガを垂木に使用した例

垂木としてベイツガ材を設置する

金物を取り付けたベイツガの垂木

製材

ベイツガの生材。色は白っぽい

重金属を含まない保存剤を加圧注入した材

加圧注入に人工乾燥を加えた材
写真提供：越井木材工業（製材写真3点）

木材の基礎知識

構造材として用いる

エンジニアードウッド

造作材として用いる

適材適所な使い方

木材活用術

エンジニアードウッド

構造材として多様な選択肢が可能なエンジニアードウッドは、強度保証、自由度の高い寸法、形状、機能が魅力である

大規模建築の木造化を可能に

エンジニアードウッドとは、木材を挽き板、単板、切削などに加工し乾燥させた後、接着成型した構造用木質材で、強度が保証されたものをいう(表1)。これらはJAS(日本農林規格)認証工場で、JAS基準に則り管理製造され、決められた品質のものが安定供給される。また短材や小径木も原料として使えるため、資源の有効利用にもなる。

エンジニアードウッドの種類は、構造用集成材、LVL、合板、OSB、MDFなどの他、新たに直交集成材(CLT=Cross Laminated Timberの略称)が2016年にJAS化され、使用目的による選択肢が更に広がった。(写真1・2)

強度が保証された希望の材

木は大気中の二酸化炭素を吸収して固定化し、酸素を放出する。地球環境を整えながら生長する。また、用材にするためのエネルギー使用量がほかの素材に比べて極めて少ない。しかも用材の役割を終えたものは燃料として活用でき、その時点で二酸化炭素を大気中に戻すことになる。

さらに、伐採に合わせて計画植林、育林をすることで、木材資源の持続可能な循環と環境保全が両立できる地上資源である。この資源を積極的に活用し循環させることが、地球環境の保全につながる。その重要な役割の一端を担っているのが、エンジニアードウッドなのである。

強度特性が工学的に保証された木材製品という意味では、建築業界に新たな可能性をもたらしてくれるだろう。また、接着剤に含まれるホルムアルデヒドについても、その放散量の表示が義務づけられているため、住環境の面からも優しい素材といえる。これからのインフラにおいて、重要性がさらに増していきそうだ。

● ホルムアルデヒド
建築資材や接着剤、塗料などに含まれる化学物質の1つでシックハウス症候群の原因物質とされている

(表1)主なエンジニアードウッド

名　称	特　徴
構造用集成材	ラミナ(挽き板)を強度等級区分機で選別し、接着剤で積層した集成材
構造用単板積層材	単板を繊維方向に平行に積層接着したもの
構造用合板	単板の繊維方向を交互に直交させて接着したもの
構造用パネル	木材の小片を接着したものに単板を積層接着したもの
直交集成材(CLT)	グレーディングされたラミナを幅方向に並べた後、繊維方向が直交するように積層接着しパネル化した大きなサイズの厚板で強度の他、断熱・遮音性も期待でき施工の効率化も含め注目されている

主なエンジニアードウッドはJASで定められた強度規定がある。このほかに、JIS規格で品質保証されたパーティクルボードやMDFなどがある

代表的なエンジニアードウッド

集成材

ユリア樹脂接着剤、メラミン・ユリア共縮合樹脂接着剤、メラミン樹脂接着剤、フェノール樹脂接着剤、およびレゾルシノール樹脂接着剤またはこれらを共縮合または混合した接着剤を用いた製品。

構造用集成材

①断面の大きさにより、大断面、中断面、小断面に区分される（p.39図3）
大断面（写真1）、中断面（写真2）、小断面（写真3）
②ラミナ（ひき板）の構成により、同じ品質のラミナを積層した同一等級構成集成材と、外側の層ほど強度の強いラミナを配置して積層した異等級構成集成材（対称構成、非対称構成、特定構成）に区分される異等級構成集成材のうち、ラミナの品質の構成が中心軸に対して対称であるものを対称構成、より強度を要求される側のラミナの基準を強くし、その構成が中心軸に対して対称でないものを非対称構成という。また、対称異等級構成のうち、曲げ性能を優先したラミナ構成を特定対称構成という

（写真1）小断面集成材（スギ）

（写真2）中断面集成材（スギ）

（写真3）大断面集成材（カラマツ）

単板積層材（Laminated Veneer Lumber、略称LVL）

ロータリーレース、スライサー、その他の切削機械によって切削した単板を主としてその繊維方向を互いにほぼ平行にして積層接着した木材および繊維方向が直交する単板を用いた場合にあっては、直交する単板の合計厚さが製品の厚さの30％未満であり、かつ、当該単板の枚数の構成比が30％以下である木材（以下、単板積層材）に適用する

LVL

直交集成板（Cross Laminated Timber、略称CLT）

ひき板または小角材をその繊維方向を互いにほぼ平行にして幅方向に並べた、または接着したものを、その繊維方向を互いに直角にして積層接着し3層以上の構造を持たせたもの。構造用の材料として、海外では一般住宅から、中・大規模施設、高層の集合住宅まで、さまざまな木造建築物に利用されている。国内においても国土交通省の大臣認定による社員住宅、非住宅のセミナーハウスなどの利用実績がある。CLTは、各種実証実験、研究が進行中であり、今後、建築物の構造基準の法令が定められれば木造建築への利用促進が見込まれる
用途：壁材、床材、木構造の耐力部材

CLT　提供：日本合板検査会

木材の基礎知識

構造材として用いる

エンジニアードウッド

造作材として用いる

適材適所な使い方

木材活用術

合板(plywood)

JASでは合板を、木材を薄くむいた板を木目が直交するように重ねて接着剤で張り合わせてつくった普通合板(プライウッド)、普通合板の表面に美観を目的とした張り付け(オーバーレイ)、塗装などの加工を施した特殊合板(二次加工合板)に大別する。規格の変遷のなかで、普通合板のなかからコンクリート工事の堰板(せきいた)に使用するコンクリート型枠用合板、建築物の耐力部材として使用する構造用合板がそれぞれ規格化された

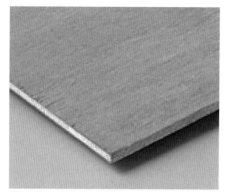
普通合板(ベニヤコアー合板)

構造用合板(針葉樹合板)

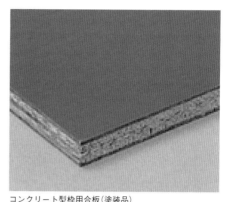
コンクリート型枠用合板(塗装品)

提供3点:日本合板検査会

(表2)主な合板の種類

普通合板(1類・2類)	一般的な用途に広く使われる合板
コンクリート型枠用合板(1類)	コンクリート打込み時にそのせき板として使用される合板
表面加工コンクリート型枠用合板(1類)	コンクリート型枠用合板の表面に塗装・オーバーレイなどの加工をした合板
構造用合板1級(特類・1類)	木質構造建築物の構造耐力上重要な部位に使用される合板
構造用合板2級(特類・1類)	1級と同様に使用される。主に針葉樹合板

構造用パネル(Oriented Strand Board、略称OSB)

現状では OSBと呼ばれる木質系面材のうち「構造用パネルの 日本農林規格[※1]」に示す規格に適合しているものを指す。構造用パネルは、主に壁や床、屋根の下地材としての利用を想定したもので、曲げ性能に応じて1級から4級に区分され、強軸・弱軸両方について、常態と湿潤における曲げヤング係数と曲げ強さの規格 基準値が定められている(枠組壁工法建築物構造計算指針より)。

現在は、OSB は国内においては生産されておらず、全て輸入材となっている。梱包材や内装下地用など の構造用以外の部分に用いるものとして、JAS 規格に適合していない OSB も流通しているので入手の際は 確認が必要である

OSBの一例:配向性ストランドボード。もともとは構造材だが、表情も面白い

木質繊維ボード

木質ボードには繊維板とパーティクルボードがある。繊維板はファイバーボードとも呼ばれ、木材やそのほかの植物繊維を主原料とし、これらを一旦繊維化してから成型した板状製品の総称で、JISでは密度によりハードボード(HB)、MDF(メディアム・デンシティファイバーボード)、インシュレーションボード(IB)の3種類に分けている。パーティクルボードは、木材やそのほかの植物繊維質の小片(パーティクル)に合成樹脂接着剤を塗布し、一定の面積と厚さに熱圧成型して作られる板状製品(JIS規格に区分される製造物)

用途:壁材、床材、木構造の耐力部材

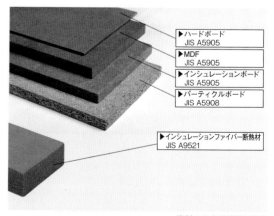
▶ハードボード
JIS A5905
▶MDF
JIS A5905
▶インシュレーションボード
JIS A5905
▶パーティクルボード
JIS A5908
▶インシュレーションファイバー断熱材
JIS A9521

資料:日本繊維板工業会

 ※1 昭和62年3月27日農林水産省告示第360号、最終改正:平成25年11月28日農林水産省告示第2904号　　　執筆:松浦薫

CHAPTER 3

エンジニアードウッド

エンジニアードウッド①
構造用集成材

**構造用集成材は、ムク材の姿を最もとどめていて、馴染みやすい。
大規模構築物の木造化に貢献している**

構造用集成材とは？

　JAS（日本農林規格）に則り、所要の耐力を目的とし等級区分された乾燥挽き板に、欠点除去、縦つぎ（スカーフジョイントまたはフィンガージョイント）などを施し（写真1）、繊維方向を平行に積層接着した耐力部材で、強度が保証されたものを構造用集成材という（写真2・p.60写真4）。

　ムク材の欠点とされている大節や割れ、強度や含水率のばらつき、施工後の寸法変化などを改善し、短材や小径木などそのままでは使われにくい資源を有効活用しながら、求められる強度や仕様のものを安定供給できる。エンジニアードウッドのなかで最もよくムク材の姿をとどめたものといえる。

　接着剤はレゾルシノール樹脂およびレゾルシノール・フェノール樹脂などを用いるが、使用環境C（表1）では水性高分子イソシアネート系樹脂も認められている。ホルムアルデヒド放散量はF☆☆☆☆仕様がほとんどである。

樹種が多様で柔軟性が高い

　断面の大きさは大断面、中断面、小断面に分類され（表2）、一般住宅から大規模構築物まで幅広いニーズに対応できる。特に寸法や形状の自由度が高く、湾曲材や長大材などをつくれることから、大規模構築物の木造化および造形の可能性向上に大きく貢献している（p.60写真3）。

　また、大断面の材であれば、燃焼した場合でも表面に炭化層（0.6～0.8mm/分）が形成され、燃焼のための酸素を遮断することで燃えにくくなる。これを応用した「燃え代設計」により、集成材の防火性能は建築基準法でも認められている。

　多様な樹種が利用可能だが、国産材はカラマツ、スギ、輸入材はアカマツ、ホワイトウッド、ベイマツなどが主流である（表3）。また、異樹種の組合せ（スギ、ベイマツ）によるハイブリッド集成材もJAS認定されている。

● 挽き板
鋸などで、切り出された板。これに対して、スライサーなどで削り出された板を突き板という

● レゾルシノール樹脂
耐水性・耐久性に優れた常温接着が可能な接着剤。1940年代ころから集成材の接着に使用されている。ホルムアルデヒドを含むが、硬化後のホルムアルデヒド発散は、大部分がF☆☆☆☆である

● レゾルシノール・フェノール樹脂
熱を加えると硬化する性質をもち、耐熱性・難燃性などに優れている

● F☆☆☆☆
ホルムアルデヒド放散量を表すJIS規格。F☆☆☆☆はもっとも放散量が少なく、規制対象外となる。一方、F☆☆☆とF☆☆には使用制限が設けられ、上記以外は使用禁止となっている

● 燃え代設計
火災時の木材の燃え代を省いた有効断面を用いて許容応力度計算を行い、構造耐力上の安全を確保する設計手法
→p.115参照

（写真1）集成材のフィンガージョイント

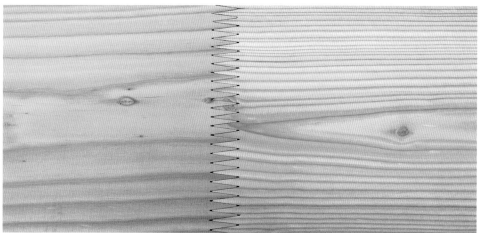

木材の端をジグザグにカットし、互いを組み合わせて接合する

（写真2）構造用集成材

スギの集成梁

（表1）使用環境の区分

使用環境A	材の含水率が長期間継続的か断続的に19％を超える、直接外気にさらされる、太陽熱で長期間断続的に高温になる、構造物の火災時でも高度の接着性能を要求される、その他の構造物の耐力部材として、接着剤の耐水、耐侯、耐熱性について高度な性能が要求される使用環境
使用環境B	材の含水率が時々19％を超える、太陽熱等により時々高温になる、構造物の火災時でも高度の接着性能を要求される、その他の構造物の耐力部材として、接着剤の耐水、耐侯、耐熱性について通常の性能が要求される使用環境
使用環境C	材の含水率が時々19％を超える、太陽熱等により時々高温になる、その他の構造物の耐力部材として、接着剤の耐水、耐侯、耐熱性について通常の性能が要求される使用環境

集成材回転プレス機

（表2）断面の区分

大断面集成材	短辺が15cm以上、断面積が300cm²以上のもの
中断面集成材	短辺が7.5cm以上、長辺が15cm以上で大断面集成材以外のもの
小断面集成材	短辺が7.5cm未満または長辺が15cm未満のもの

（表3）集成材の樹種の一例

挽き板構成	強度区分	産地区分
カラマツ異等級構成・対称構成	E95-F270、E105-F300	国内
スギ異等級構成・対称構成	E65-F225、E75-F240	国内
ベイマツ異等級構成・対称構成	E105-F300、E120-F330	輸入
欧州アカマツ異等級構成・対称構成	E120-F330	輸入

（表4）挽き板の構成区分

異等級構成	集成材の外層に強い、内層に弱い強度の挽き板を規格に則り構成され、高い曲げ応力を受ける場合、応力方向が積層面に対し直角になるよう用いられるもの（積層数4枚以上）
対称構成	異等級構成で、積層方向の中心軸に対して対称に構成されたもの
非対称構成	異等級構成で、積層方向の中心軸に対して非対称に構成されたもの
同一等級構成（積層数2枚以上）	同一強度の挽き板だけで構成され、積層数が2〜3枚の場合で高い曲げ応力を受ける場合、応力方向が積層面に対し平行になるよう用いられるもの

（写真3）集成材を構造材に使用した例

集成材なら大型施設の構造にも対応できる

保育園の講堂

大断面集成材を小学校の体育館の梁に使用

こども園のホールに使用

（写真4）集成材の例

構造用集成材にはJASの強度規定が求められる

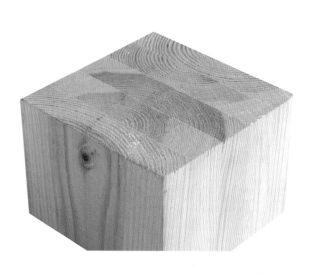

エンジニアードウッド②
合板

合板は、強度が高い構造用面材の代表格。
国産材の利用促進にも貢献している

合板はJASにもとづく

合板とは、かつらむきした木材（単板）を接着剤で貼り合わせたものをいう（図・写真）。単板の繊維方向を交互に直交させて積層することで、強度が高い、水に強いなどの優れた性質をもつようになる。同時に、割れやすい、伸び縮みが大きいという木材の欠点も克服することができる。なかでも構造用合板は、JASにもとづいて製造されており、強度については1級（高度な構造用）と2級（構造下地用）がある。

耐水性は、特類（屋外または常時湿潤状態での使用を目的とするもの）と1類（断続的に湿潤状態となる環境での使用を目的とするもの）があるが、今日の製造品では特類が主である。したがって水に濡れてもすぐに、はがれたり強度が下がるようなことはないが、収縮膨潤による寸法変化で乾いても変形が残ることがあるので、雨がかりを防ぐことが肝心である。

国産の構造用合板の原料は、スギ、カラマツ、ヒノキ、アカマツ、エゾマツなどの国産針葉樹の間伐材や曲がり材で、年間消費量は400万㎡を超えており、国産材需要の拡大と環境保全に大きく貢献している。

厚物合板「ネダノン」

構造用合板は、住宅の壁、床、屋根などの構造材、下地材として使用されるが、床においては、軸組工法（1、2階床）も枠組壁工法（1階床）も、厚さ24㎜、28㎜などの厚物合板を使った根太・火打ち省略工法が中心となっている（p.62表1）。

耐力壁では、告示の仕様のほかに、合板の業界団体が取得した大臣認定があり、最大5.0の倍率となっている（p.63表2）。

屋根では、12㎜が一般的であるが、ネダノンを使った屋根（高強度で小屋空間が利用可能）も増えている（p.62写真1）。また、住宅以外では、ネダノンを多数本の釘で張り付けた高強度（倍率20相当など）の床・屋根・壁を用いて、学校、多目的施設、ドーム、などが建てられている（p.63写真2）。

● 単板
木材を大根のかつら剥きのように削ってつくられた薄板（通常厚さ4mm以下）を単板、ベニヤという

● 膨潤
個体が液体を吸収して、その構造、組織を変化することなく容積を増大すること

● 火打ち
水平力による変形を防ぐため、梁や桁、土台の角部に斜めに設置される補強材

木材の基礎知識

構造材として用いる

エンジニアードウッド

造作材として用いる

適材適所な使い方

木材活用術

（図）合板の製造方法

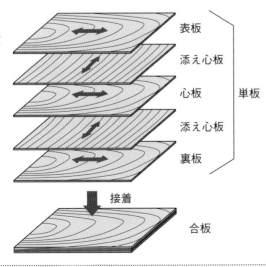

表板
添え心板
心板 ─ 単板
添え心板
裏板

接着

合板

表面にヒノキ製材を張った特殊製品。かつらむきした木材（単板）を、繊維方向が交互に直交するように接着剤で貼り合わせた材料である。強度が高く水に強いなどの優れた性質を保持する。割れやすい、伸び縮みが大きいという木材の欠点を克服している

（表1）ネダノン使用時の床倍率と許容水平せん断耐力

床の仕様	品確法における床倍率	許容水平せん断耐力（kN/m）
川の字釘打ち	1.2	2.35
川の字釘打ち＋耐力壁線上の長辺に釘打ち	―	3.53
四周釘打ち	3.0	7.84

釘N75、釘間隔150mm。梁、受け材の間隔1,000mm以下。合板厚さ24〜28mm
出典：（財）日本住宅・木材技術センター「木造軸組工法住宅の許容応力度設計（2017年版）」

（写真1）屋根をネダノンと垂木構造で構成した住宅

（表2）構造用合板による耐力壁の倍率

軸組構法

合板厚さと釘種類	9mm以上　N50	9mm以上　CN50	12mm以上　CN50	12mm以上　CN65	24mm　CN75
くぎ間隔（mm）	外150、中150	外75、中150	外100〜75、中150	外100、中150	外100、中150
大壁・大壁床勝ち	2.5	3.7	仕様により3.1〜3.8	仕様により3.6〜4.0	5.0
真壁・真壁床勝ち	2.5	3.3			5.0

合板は2級以上。9mm以上は告示仕様。12mm以上と24mmは日本合板工業組合連合会の大臣認定耐力壁

枠組壁工法

合板厚さと釘種類	9mm以上　CN50	9mm以上　CN50	12mm以上　CN65	12mm以上　CN65	12mm以上　CN65
くぎ間隔（mm）	外100、中200	外50、中200	外100、中200	外75、中200	外50、中200
大壁	3.0　＊）	3.7	3.6	4.5	4.8

合板は2級以上。全て告示仕様。なお、CN50＠100（外）＠200（中）で1級の場合は倍率は3.5

（写真2）ネダノンによる高強度耐力壁と高強度水平構面で構成した校舎

提供：稲山正弘

木材の基礎知識

構造材として用いる

エンジニアードウッド

造作材として用いる

適材適所な使い方

木材活用術

エンジニアードウッド③
矧ぎ板
は

矧ぎ板は、板目材と柾目材の特徴を生かして多用途に使える。材の収縮方向に配慮した組み方がポイントとなる

幅広の材として使える

板を接ぐ加工は、古くからある木材の加工方法の1つである。板材は、1枚板では希少価値も高く、希望の材を調達するうえでも困難が伴う。そこで、何枚かの板を接いで使うことにより、取りやすい寸法の板材を有効利用し、幅の広い材として活用するのである。

矧ぎ板とは、板状にした材を、接着剤で板目方向や柾目方向に貼り合わせた板材をいう。短手方向に接いでいる材が矧ぎ材である。接着剤はユリア系、水性イソシアネート系、膠系など多種ある(一般に木工用ボンドといわれるものは、酢酸ビニル樹脂エマルジョン接着剤の通称である)。構造材に使われることもあるが、一般的には家具やテーブルの天板などに多用されている(写真1)。

板目材と柾目材がある矧ぎ板のうち、板目材は、冬目と夏目の特徴ある模様を生かすことができる。柾目材は、ストライプのきれいなグラデーションが出て、上品さを生み出す

ことができる(写真2・3)。

乾燥と方向が重要

材の加工においては、木材の乾燥と収縮を考慮しなければならない。十分乾燥した材を利用することは当然であるが、収縮に関しては、接線方向(円周方向)、直径方向、長さ方向それぞれの収縮方向の特性を十分に考慮した計画が必要になる。

加工の際は、用途や使い方により、板の動きを矯正し、下地の取り方や組み方に注意しなければならない。

短尺を有効利用した集成板

集成板は、短尺の木材を柾目、板目方向に関係なく、接着剤を使って、フィンガージョイント(写真4)によりランダムにたて継ぎしたラミナを使用できる。規格製品も多い。異なった木理のラミナで接着されているので、木材のもっている収縮などによる動きが、ある程度矯正されている。

● ユリア系接着剤
尿素とホルムアルデヒドの重合反応により生成される尿素樹脂樹脂接着剤。無色透明で耐水性が高い。安価で作業性もよいので、木材用の接着材として用いられる

● 水性イソシアネート系接着剤
親水性の高分子の水溶液、またはエマルジョン溶液とイソシアネート化合物を主成分とする非ホルムアルデヒド系の木材用接着剤。水性で扱いやすいこともあり、需要が増加している

● エマルジョン
樹脂などが界面活性剤などを加えて撹拌され微細な液滴となって水に分散し、乳化した状態

(写真1)広葉樹の矧ぎ板を使ったテーブル天板

座卓テーブル(3枚矧ぎ)

板と板の接合部分にくさび(ちぎり)を入れ、板の動きを矯正している
(例:ちょうちょうくさび)

(写真2)矧ぎ板（板目）を使ったデスク天板

2枚の板を板目方向に貼り合わせる。独特の木目を生かせる
設計：松原正明建築設計室

(写真3)矧ぎ板（柾目）を使ったデスク天板と椅子

柾目方向に板を貼り合わせる。木表と木裏を合わせることにより、反りを矯正できる

設計：松原正明建築設計室

(写真4)フィンガージョイント

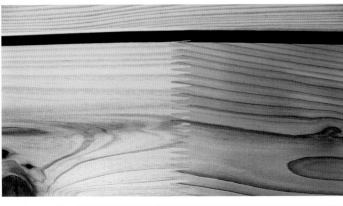

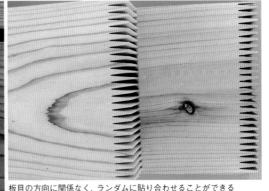

板目の方向に関係なく、ランダムに貼り合わせることができる

木材の基礎知識

構造材として用いる

エンジニアードウッド

造作材として用いる

適材適所な使い方

木材活用術

エンジニアードウッド④
三層クロスパネル

挽き板を幅はぎ接着して直交させ、3層に積層接着したパネル。
構造用途だけではなく、造作用途、家具など多用途に利用できる

三層クロスパネルの仕組み

製材した薄い挽き板を幅方向に接着（幅矧ぎ接着）し、挽き板の長さ方向を縦、横、縦と互いに直交させて3層に積層接着したパネル。挽き板の縦継ぎ（フィンガージョイントなど）を行わず、長さ方向は1枚モノの板であることが多い。限りなくムクに近い木材のパネルでありながら、直交させて積層接着することによりムクの木材の弱点である収縮や膨張を抑えることができ、寸法安定性が高いのが特長である。

製品と規格

国内の工場で生産されている三層クロスパネルは、製品の樹種にスギ、ヒノキ、カラマツ、トドマツなどがあり、製品サイズに厚さ36mm、厚さ30mmおよびさらに薄い厚さ、幅910mm、1000mmおよびさらに広い幅、長さ1820mm～4000mm程度のモノがある。

規格は、長らく、（公財）日本住宅・木材技術センター「優良木質建材等認証（AQ）」の「床用3層パネル」だけであったが、2013年に「直交集成板（CLT）の日本農林規格（JAS）」が制定され、厚さ36mm以上の製品についてはJAS認証も可能となった。

三層クロスパネルの用途

構造用途としては、木造軸組工法等の床構面、屋根構面、耐力壁に利用され、構造用合板のような下地（見え隠れ）としてではなく、"化粧あらわし"でそれぞれの仕上げを兼ねて利用される。また、テーブルやカウンター、棚、階段など家具や造作用途にも利用され、多用途に利用できる製品である。国内の工場では、製品材面の基準として「無節・上小節・小節」以上の選別を行った製品、「並」の製品など、目視による挽き板のグレード分けを行い、製品を生産しているケースが多い。

（写真1）三層クロスパネルの例

幅はぎ接着した板を直交させて、3層に積層接着してつくる

（図）三層クロスパネルの仕組み

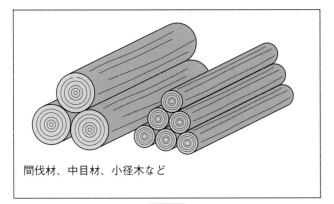

間伐材、中目材、小径木など

▼

節の少ないもの、素直な目のもの

死節の多いもの、目の素直でないもの

製材、乾燥し、グレード分けする

▼

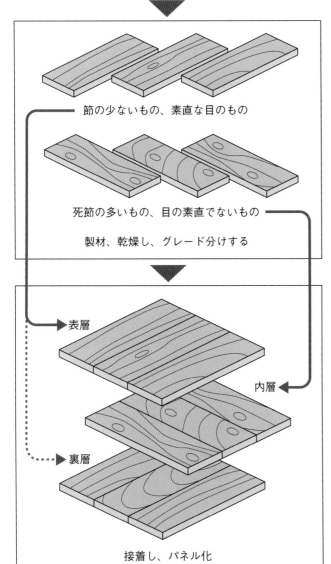

表層

内層

裏層

接着し、パネル化

▼

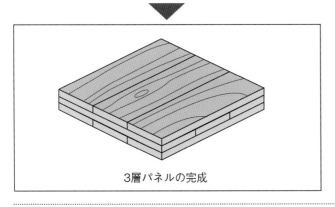

3層パネルの完成

（写真2）三層クロスパネルの施工例

三層クロスパネルを断熱材などとの組み合わせで準耐火構造として、あらわしで使用した保育園　　　　　　　　　　　　　　　　　　　　写真：畑拓

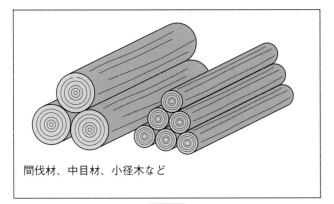

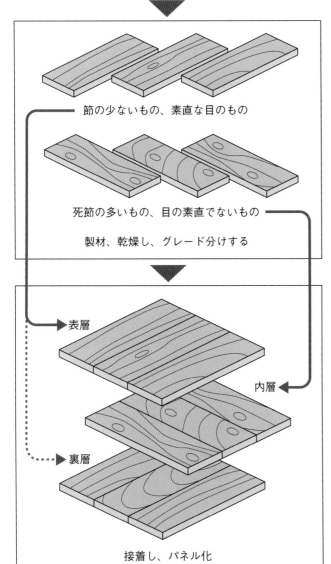

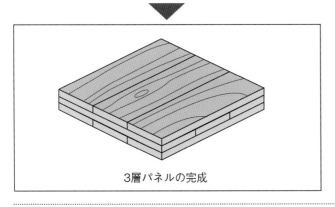

木材の基礎知識

構造材として用いる

エンジニアードウッド

造作材として用いる

適材適所な使い方

木材活用術

エンジニアードウッド⑤
パーティクルボード

原料として建築解体材も利用可能なエコマテリアル

マテリアルリサイクルが可能

　パーティクルボードは、木材の小片を接着剤によって熱圧成型した板で、JIS A 5908-2015によって品質が規定されている。断面構成は、一般に、表層には曲げ強さや平滑性を保持するために小さな木片を使用し、内層には比較的大きな木片を使用する三層構成になっている。用途は、家具、住宅機器、マンションの浮き床等の非構造用途が中心であるが、最近では構造用にも使用されるようになってきた。

　原料は木材チップであるが、林地残材、工場残廃材、建築廃材等が多く使用されている。つまり、マテリアルリサイクルが可能であり、パーティクルボードは地球環境に貢献する木質材料と言える。

構造用パーティクルボードが登場

　2015年のJIS改定では、強度を高くした構造用パーティクルボードが登場し、主として厚さ9mmのものが住宅の耐力面材として使用されている。

　構造用パーティクルボードは、耐水性がP

タイプ（フェノール樹脂接着剤）、曲げ強さ区分がS18（曲げ強さが18N/mm²以上）であり、ホルムアルデヒド放散量は、市販品のすべてがF☆☆☆☆となっている。

　強度を高くするため、非構造用パーティクルボードより接着剤の量を多くし圧力を高くして成形している。このため、比重は0.71～0.81と重めである。

　2018年の国土交通省告示1100号の改定で、これを張った耐力壁には、構造用MDFとともに、軸組構法では最大4.3、枠組壁工法では最大4.8の倍率が与えられた（表1）。

使用時の注意点

　木片どうしの接着は基本的に点接着になり、熱圧締時に高い圧縮応力を受けることから、湿気にさらされると厚さ方向に膨らみ、強度が低下する傾向がある。このため、JISでは湿潤時の曲げ強さの規定を設け、常態の基準値の1/2以上の強さを保証している。

　以上のことから、設計では結露防止や高湿度の環境にならないように配慮することが肝要であり、施工では雨濡れ等の水がかりが生じないように注意する必要がある。

（表1）厚さ9mmの構造用パーティクルボード、構造用MDFを張った耐力壁の倍率

軸組構法

くぎ種類	N50	N50
くぎ間隔（mm）	外150、中150	外75、中150
大壁・大壁床勝ち	2.5	4.3
真壁・真壁床勝ち	2.5	4.0

枠組壁工法

くぎ種類	CN50	CN50
くぎ間隔（mm）	外100、中200	外75、中200
大壁	3.0	4.8

（写真1）原料の廃木材チップ

（写真2）パーティクルボード

提供（2点）：セイホク

（写真3）構造用パーティクルボード張り耐力壁を使用した住宅の建設

提供：東京ボード工業

木材の基礎知識

構造材として用いる

エンジニアードウッド

造作材として用いる

適材適所な使い方

木材活用術

エンジニアードウッド⑥
LVL

LVLは、強度が高く、梁材としての利用も多い
エンジニアードウッドの元祖

繊維方向を同方向に積層

LVLとは、LAMINATED VENEER LUMBER（単板積層材）の略称で、かつらむきなどにより製造した木材（単板）を接着剤で貼り合わせた材料をいう（写真）。

合板は単板の繊維方向が交互に直交するように積層しているが、LVLは基本的に同方向に積層する（図1）。ただし、幅方向の寸法変化を抑えると共に、割れにくくするため、直交層（クロスバンド）を入れることもある。実際の製造工程では、長い板状に製造しておいたものを、注文に応じて必要な幅（梁せいとなる）にカットする。

LVLの原材料となる単板は、長さに限度がある。したがって、長いLVLを製造するには、単板をスカーフジョイントやバットジョイントでつなぎ、ジョイントを分散させて積層する必要がある（図2）。

造作用、構造用として

LVLはJASにもとづいて製造される、造作用と構造用がある。

構造用LVLの場合、接着には耐水性のあるレゾルシノール、フェノール、水性高分子イソシアネート系樹脂を使用する。そのため、水に濡れても単板のはがれが生じたり強度が下がるようなことはない。LVLの特徴としては、次が挙げられる。

● せいの大きな通直材が得られる
● 強度が高い（表1・2）
● 寸法安定性・精度に優れる

新たにB種が登場

従来のLVLは軸材であるが、2010年のJAS改定ではこれをA種とし、新たに直交層を多く入れた面材タイプのB種が登場した。B種の厚さ、幅、長さはCLTと同様であり、各種強度もCLTとほぼ同じである。原木からの製造歩留まりは約60％で、CLTのほぼ2倍と高いため、これからの材料として期待される。

● LVL
各層の繊維の向きが直行している合板が平面的な均質性をもつのに対し、繊維の向きが一定のLVLは長さ方向の強度に優れ、主に柱や梁など長い棒状の材として利用される。現在、国内で販売されているLVLの樹種は、スギ、カラマツ、ヒノキなどの国産針葉樹のほかに、ベイマツなどである

（図1）LVLの製造方法

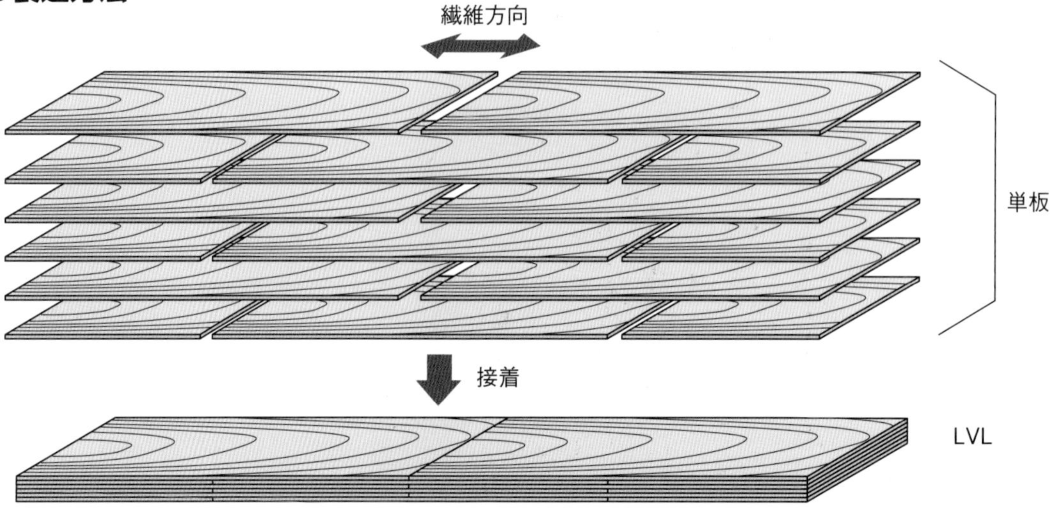

(写真)LVLの木口

構造用

造作用

かつらむきなどにより製造した木材(単板)を、同方向に積層した材料である。強度が高く、寸法安定性や精度に優れている。スギ、カラマツ、ヒノキなどの国産針葉樹のほか、ラジアータパイン、ベイマツなどの樹種が使用される

(図2)単板のつなぎ方

スカーフジョイント

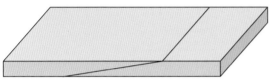

単板を斜めにカットし、重ねて接着する

バットジョイント

単板の木口を直角に切断し、切断面どうしを接着する

(表1)LVLの曲げ基準強度

曲げヤング係数区分	曲げ強さ(N/㎟)		
	特級	1級	2級
180E	67.5	58.0	48.5
160E	60.0	51.5	43.0
140E	52.5	45.0	37.5
120E	45.0	38.5	32.0
110E	41.0	35.0	29.5
100E	37.5	32.0	27.0
90E	33.5	29.0	24.0
80E	30.0	25.5	21.5
70E	26.0	22.5	18.5
60E	22.5	19.0	16.0

各等級の数値以上であることが、等級付けを行う際の基準となる(H20年5月13日農林水産省告示第701号)

(表2)LVLのせん断基準強度

水平せん断性能	せん断強度(N/㎟)	
	縦使い方向	平使い方向
65V-55H	6.5	5.5
60V-51H	6.0	5.1
55V-47H	5.5	4.7
50V-43H	5.0	4.3
45V-38H	4.5	3.8
40V-34H	4.0	3.4
35V-30H	3.5	3.0

厚さ25㎜以上の構造用単板積層材の規格。縦使いは木口面、平使いは板面での性能を示す(H20年5月13日農林水産省告示第701号)

LVLを使用した事例

立礼茶室の壁は、ニュージー産ラジアタパインLVL構造壁の板目があらわしとなっている
「早瀬庵」設計：山代悟+ビルディングランドスケープ、写真：新良太

右側の壁は構造体のカラマツLVLを燃え代設計の一時間準耐火外壁、左側壁はスギLVL積層面を仕上げ材として施している
「みやむら動物病院」設計：鈴木敏彦／Atelier OPA + 西澤高男／ビルディングランドスケープ、写真：齋藤さだむ

木材の基礎知識

構造材として用いる

エンジニアードウッド

造作材として用いる

適材適所な使い方

木材活用術

エンジニアードウッド⑦
MDF

MDFは平滑性に優れ、耐力壁の面材としても使用される

近年は薄物化が進む

　MDF（MEDIUM DENSITY FIBERBOARD）とは、木材繊維を原料とし、接着剤を加えて熱圧締により製造するボードである（図・写真1）。JIS A5905（繊維板）のなかではMDFとして分類されているが、かつてはセミハードボード、中質繊維板などと呼ばれた（表1）。1980年代から本格的な生産が始まり、90年代にはOSBとともに飛躍的な成長を遂げた。厚さは一般に2.7〜30mmであるが、最近は薄物化の傾向がある。

表面の平滑度に優れる

　最大の特徴は、繊維自体をエレメントとするため、表面の平滑度に優れることである。また、成型圧締や彫刻加工も可能である。そのため、これまでは家具、ドア枠、幅木、廻り縁などの装飾用基材として使用されてきたが、最近は新たな市場として構造用途でも利用され始めてきた。

構造用MDF

　2014年のJIS改定では、それまで構造用に用いられてきた接着剤がPタイプで、曲げ強さが30タイプまたは25タイプのものが、構造用MDFと命名され、2018年の国土交通省告示1100号の改定で、これを張った耐力壁には、構造用パーティクルボードとともに、軸組構法では最大4.3、枠組壁工法では最大4.8の倍率が与えられた（構造用パーティクルボードp.68表1）。構造用MDFの密度は0.7以上0.85未満と重い。ホルムアルデヒド放散量は、市販品のすべてがF☆☆☆☆である。

耐水性

　接着熱圧成形した材料であるため、水分で膨潤する性質があり、JISでは湿潤時曲げ試験を規定し、その基準値を常態曲げ強さの1/2に設定している。しかし、吸水厚さ膨張率は、他の接着熱圧成形ボードとの中では、比較的低いとの報告がある。

● OSB
　低質の広葉樹を用い、薄い削片状にしたものを配向させて積層、接着したもの

● Pタイプ
　フェノール樹脂接着剤を使用したもの

● 30タイプ
　30N/㎟以上

● 25タイプ
　25N/㎟以上

(図)MDFの製造方法

木の端材
（合板・製材工場から）　　　木材繊維を抽出　　　　接着剤添加　　　　成型・熱圧

接着剤

接着剤

接着剤

（写真1）MDFの見本

木材繊維を原料とし、接着剤を加えて熱圧縮により製造する。成型圧縮や彫刻加工も可能である。最大の特徴は、表面の平滑度に優れること。また、比較的透湿性が低いため、耐力壁の面材に使用される

MDFの原料となる木の端材

機械で削られた木の端材

木の端材（拡大）

（表1）JIS A5905（繊維板）によるMDFの定義

JISでは繊維板（ファイバーボード）を下の3つに分けている。MDFはそのうちの1つに区分される

区分	密度（g/cm³）	成型方法	圧熱の有無
インシュレーションボード	0.40未満	湿式	しない
MDF	0.35以上0.85未満	乾式	する
ハードボード	0.80以上	湿式・乾式	する

（表2）MDFの分類

MDFは曲げ強さ、接着材の種類、ホルムアルデヒドの放散量、難燃性によって品質が区分されている

強度による区分	接着剤による区分	ホルムアルデヒド放散量による区分	難燃性による区分
30タイプ	Uタイプ	F☆☆☆☆	普通
25タイプ	Mタイプ	F☆☆☆	難燃2級
15タイプ	Pタイプ	F☆☆	難燃3級
5タイプ			

強度による区分の数字は、JISに規定された常態曲げ強さの基準値（N/mm²）

（写真2）MDFを耐力壁に使用した例

MDFを構造用面材として、耐力壁に使用している

執筆：神谷文夫

木材の基礎知識

構造材として用いる

エンジニアードウッド

造作材として用いる

適材適所な使い方

木材活用術

Column

集成材の可能性

■ 歩留まりとは?

立木を伐採して枝や葉など、材木として使えない部分を取り除いたものを原木という。この丸太の形をした原木を建築用材として使えるように製材すると、その過程で原木の体積は約半分になってしまう。これは丸太を四角く製材するためであるが、さらには原木を製材する際は、鋸で切れば切るほどオガクズの分だけ木が無駄になる。そのため、丸太の太さに応じてできるだけ大きな材として製材すれば、一番無駄のない使い方ができる。「歩留まりがよい」とは、このように原木を無駄なく使うことをいう。

その意味では、木材を小さな木片である「ラミナ」に製材してつくる集成材は、製材品に対して歩留まりが悪いことになる。しかし集成材は、その歩留まりの悪さだけに着目していると、本来のポテンシャルを見誤ることになる。

たとえば構造解析の世界では、できるだけ均質な強度をもった素材のほうが安全性の検証がしやすい。その点で、集成材は構造用材として製材品よりも構造解析上扱いやすい。これは、木材はそもそも生き物であるがゆえに個体差が大きく、そのまま建築用構造材として使うには強度にばらつきがあるという木材の欠点を表してもいる。

■ 製材の弱点を補う集成材

さまざまな強度をもったラミナを同程度の強度をもつものに選別して使うと、構造用材としては、全体的に均一な強さが担保される。また、大きなスパンを取るような計画では、梁材に大きな梁せいと長さが求められるが、その際の寸法には、製材品では入手が困難な大きさや長さのものもある。その点、原理的にはどのような寸法にも対応できるのが集成材である。

集成材は強度の高いものを梁の上下に、中央部には強度の低いものを使うような工夫も可能である。そのため、製材品に比べると歩留まりの悪い集成材だが、強い部分も弱い部分もあますところなく使えるという点では、最も合理的な木材資源の使い方といえる。

戦後すぐに植林されたスギ林のなかには、さまざまな社会的要因で手入れが行き届かずに伐採期を迎えた林も多い。手入れが行き届かないと製材したときに抜け節が出てしまうなど、構造材としては不適当なものも出てしまう。

しかし、集成材であれば不適当な部分を取り除いて使うことができるため、不遇な材も有効に使い尽くすことができる。こうしたことから、集成材の技術は現代の木材加工において非常に重要な技術になっているのである。

小さな木片のラミナに製材し、接着剤で貼り合わせてつくられた集成材。構造材、造作材として用途が広がっている

CHAPTER **4**

造作材として用いる

造作材の産地

日本の気候区分は多様で、降雨量が多く、樹種も豊富。
造作材にも合法木材や認証材など、証明化の動きが広まっている

日本の造作材分布

日本は北海道から沖縄南西諸島まで、国土が南北約3,400kmに広がり、亜寒帯気候、冷帯気候、温帯気候、亜熱帯気候と多様な気候に恵まれている。そのため、日本固有種のスギを筆頭に、建築用木材にも多様性がみられる（図1）。

亜寒帯気候　北海道道央。トウヒ、エゾマツ、トドマツなど

冷帯気候　北海道、東北や高山帯。ブナ、ミズナラ、タモ、クリ、クルミ、カラマツなど

温帯気候　本州、四国の落葉樹林帯でアカマツ、コナラなどの雑木類。照葉樹林帯でシイ、カシなど

亜熱帯気候　屋久杉やイスノキなど

平安時代に始まったとされる森林管理の施策により、人工林は発達した。特にスギやヒノキの人工林は、沖縄県を除く都道府県すべてでみられる。

だが、昨今の気候変動の影響、マツノザイセンチュウなどによるアカマツ林の壊滅的被害、里山（2次林）の放棄による植生の変化、天然森林資源の枯渇による生産量の規制などで、生産地区分の様相は変わりつつある。

世界の造作材分布

日本へ輸入される主な造作材は、大きく8産地に分けられる（図2）。

①**欧州材**　北欧から欧州全域が中心。ドイツトウヒ、ビーチなど

②**北洋材**　主にロシアのツンドラ地帯が中心。欧州アカマツ、タモ、ナラ

③**南洋材**　インドネシアやマレーシアなどの熱帯雨林帯が中心。ラワン、セランガンバツなど

④**アフリカ材**　主に熱帯雨林帯。ブビンガなどの広葉樹

⑤**南米材**　主に熱帯雨林帯。イペ、マホガニーなどの広葉樹

⑥**NZ、オーストラリア材**　オーストラリアからジャラやユーカリなど天然広葉樹。NZから植林針葉樹であるラジアータパイン

⑦**中国材**　タモやクリ、シナなどの広葉樹

⑧**米材**　カナダを含む北米。ベイスギ、ベイヒバ、パイン、メープルなどの針葉樹

● マツノザイセンチュウ
日本のマツ属樹木に大きな被害をもたらしているマツ枯れ（マツの線虫病）を引き起こす微生物。マツノマダラカミリによって媒介される

● 里山
手つかずの大自然に対して、集落などに隣接し、人の手が加えられ利用されてきた森林

造作材として輸入される樹種

ウォルナットの一例：広葉樹 クルミ科
米国東部、カナダに分布する。ドア、フローリングなどに使用される。心材は紫色を帯びた薄褐色、辺材は灰紫色

チークの一例：広葉樹 クマツヅラ科
インドネシア、タイ、ミャンマーに分布する。キャビネット、家具などに使用される。心材は濃い黄金色、辺材は黄白色

（図1）日本の造作材分布

地域ごとに多様な気候に恵まれた日本は、樹種も豊富。日本の固有種であるスギは国内に広く分布している

トウヒ、エゾマツ、カラマツ、トドマツ

ミズナラ、タモ、シナノキ、イタヤカエデ、アサダ、ブナ

屋久杉

スギ　　　ヒバ

アカマツ、ブナ、カラマツ、ミズナラ、ヒノキ、スギ

ブナ、ミズナラ、タモ、クリ、クルミ、カラマツ、アカマツ、ホオノキ

ヒバ

アカマツ、クロマツ

コナラ、ミズキ、サワラ、ヤマザクラ

ツガ、スギ、ヒノキ

ヒノキ、スギ

シイ、カシ、ツガ

※本書記載の造作材を中心にした、現在の主要林産地
※スギ、ヒノキの人工林を除く

（図2）世界の造作材分布

国内に流通する木材の約7割が輸入材である。造作材の主な産地は次の8つに分けられる
①欧州
②北洋
③南洋
④アフリカ
⑤南米
⑥ニュージーランド・オーストラリア
⑦中国
⑧アメリカ・カナダ

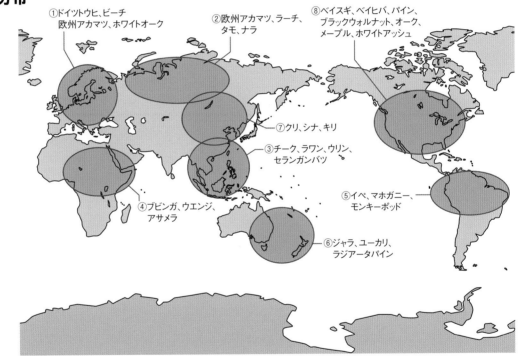

①ドイツトウヒ、ビーチ　欧州アカマツ、ホワイトオーク

②欧州アカマツ、ラーチ、タモ、ナラ

⑧ベイスギ、ベイヒバ、パイン、ブラックウォルナット、オーク、メープル、ホワイトアッシュ

⑦クリ、シナ、キリ

③チーク、ラワン、ウリン、セランガンバツ

④ブビンガ、ウエンジ、アサメラ

⑤イペ、マホガニー、モンキーポッド

⑥ジャラ、ユーカリ、ラジアータパイン

アルダーの一例：広葉樹 カバノキ科　ヨーロッパ、北米の太平洋岸に分布する。ドア、家具、造作材などに使用される。心材、辺材共に淡褐色

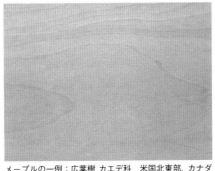

メープルの一例：広葉樹 カエデ科　米国北東部、カナダに分布する。家具、楽器、野球のバットなどに使用される。心材は黄褐色、辺材は淡灰白色

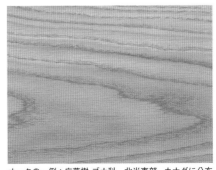

オークの一例：広葉樹 ブナ科　北米北東部、カナダに分布する。家具、造作、酒樽などに使用される。心材は淡黄褐色、辺材は淡黄白色

木材の基礎知識

構造材として用いる

エンジニアードウッド

造作材として用いる

適材適所な使い方

木材活用術

造作材の加工方法

モルダーによって、多様な切削方法が可能になり、仕上げ加工の合理化も進んでいる

造作材の加工法とその特徴

造作材の加工法には次のようなものがある。

床壁材の加工 原板(少し大きく木取した板)→乾燥→加工機(モルダー)で成形。同時に、本実や雇い実、相決り、そぎ継ぎなどの加工をする(写真1)。

床材は板と板とを合わせたとき表面に隙間のない突き付け加工とし、壁材は板と板との間にあそびのある目透し加工をすることが多い。端部加工はエンドマッチと呼ばれる本実形状の加工をすることもある。主に乱尺材や1間(1,818㎜〜)の長さの材、2間(3,640㎜〜4,000㎜)の材は、加工機械の問題でエンドマッチ加工なしとなることが多い。

フィンガージョイント加工 長く取れない材は、短尺材にエンドマッチ加工した材を長さ方向につないで施工する。短尺材を4〜5枚フィンガージョイント(写真2)で縦つなぎして1枚の床板に加工するのである。

表面加工 板材、角材の表面を希望する形に

つくり上げる。その形はさまざまで、釿による亀甲模様やスプーンカット、名栗加工などは職人による手加工のものが多い。だが床材やパネルなど、一部には工場加工による既製品もある。

形状加工 ドア枠、幅木、廻縁などの加工品が既製品として多く流通している。その材はすべてモルダー(多軸ムラ取り加工機。写真3)によって製作される。上下左右に回転式の刃物(写真4)をセットし、高速回転する機械のなかを板材が通ると、任意の形状に仕上がって出てくる。幅、厚さ、形状は刃物の設定によって決まる。

壁材のドイツ下見や南京下見なども、モルダーとそれ専用の刃物さえあれば規格内で自由に製作できる。

仕上げ加工 床材などはサンダー仕上げが基本である。手カンナ仕上げを機械でまねた「超仕上げ加工」もあるが、塗装することを前提としたサンダー仕上げは、木の表面の繊維を均一に整えることによって、塗装の吸い込みムラを抑えることを目的としている。

● 乱尺材
床材や木の板材などの長さが一定ではなく、不ぞろいなもののこと。継ぎ目が不規則ではっきりと表れる。また、施工後の狂いによる影響が少ない

● スプーンカット
表面をスプーンですくい取ったような削り跡で、凸凹の小さな丸みが全面に施される

● ドイツ下見
相決りの一方の欠き取りを大きくして目地が見えるようにつなげる接合法

(写真1)実の種類

本 実 床板や壁材などをつなぎ合わせる方法。板と板が接する箇所に一方を凹、他方を凸に加工して接合する

相決り 板を接合するときに、両方を半分の厚さずつ欠き取って合わせた矧ぎ方

雇い実 板と板が接する部分で、両方を凹形に彫込み、その溝に別に加工した実を入れて接合するもの

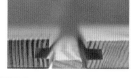

そぎ継ぎ つなぎ合わせる板それぞれを斜めにカットし、釘や接着剤で接合するもの

（写真2）フィンガージョイントと使用する刃物

刃物を回転させ、短尺材にエンドマッチ加工し、フィンガージョイントでつなげる

（写真3）モルダー

高速回転する刃が装着された機械のなかに材を通すことで、壁材用などの加工を自由に行うことができる

（写真4）刃物

モルダー用の刃。この刃を上下左右にセットして回転させ、自由な形状の材をつくる

木材の特殊表面加工の例

木目優先

縦筋：材の長辺に沿って縦に筋を入れる仕上げ

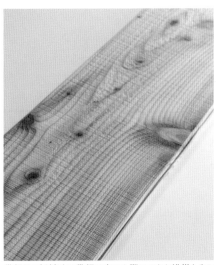

帯鋸目：製材時に帯鋸で曳いた際にできた模様をそのまま生かす仕上げ

浮づくり：木材のやわらかい部分を削り、木目を浮き上がらせるようにした仕上げ

面状優先

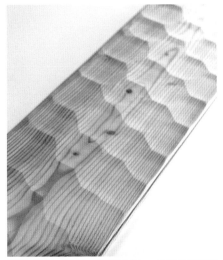

名栗：釿（ちょうな）という道具を使い、表面を削り取る仕上げ

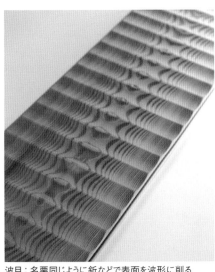

波目：名栗同じように釿などで表面を波形に削る

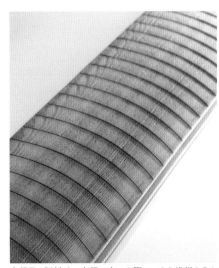

丸鋸目：製材時に丸鋸で曳いた際にできた模様をそのまま生かす仕上げ

木材の基礎知識

構造材として用いる

エンジニアードウッド

造作材として用いる

適材適所な使い方

木材活用術

ヒノキ

きめ細かい木肌のヒノキは、活用範囲が広い樹種。「檜舞台」「檜普請の家」は、一流、高級住宅の代名詞

針葉樹　ヒノキ
名称：桧・檜
分類：ヒノキ科ヒノキ属
分布：福島県以南の本州、四国、九州

ヒノキの有用性と多用途性

ヒノキは、建築に適した良い木材として好まれる。その理由として次のような点があげられる。

● 乾燥がしやすいとともに、木理が通直で均質であるため、狂いが少なく加工性がよい
● 耐温・耐水性に優れ保存性が高い
● 色は、心材が淡紅色で辺材はほとんど白色
● 木肌はきめが細かく、仕上げ次第で美しい光沢が出るとともに、特有の芳香がある

上記のような特性から、非常に多くの用途に用いられている。たとえば、土台・柱・梁などの構造材、床板・框・敷居・鴨居・廻縁・天井板・幅木などの造作材。

これ以外にも、木製建具や仏像・風呂桶・曲物（まげもの）・家具・箸などに使用されている。

神社仏閣に欠かせない

ヒノキは高品質な木材の代名詞として、古来、神社仏閣建築に数多く使用されてきた。そのため、ヒノキの大径木は枯渇寸前となり、江戸時代、幕府直轄の山ではヒノキの伐採が厳しく制限された。この制限は能舞台などの材にも適用され、幕府公認の大劇場以外でヒノキは使用できなくなった。つまり、ヒノキの舞台は権威ある劇場だけのものであり、そこに立つのは一流の役者だけだったのである。そこから、晴れの舞台に立ち、腕前を披露することを「檜舞台に立つ」というようになったといわれている。

ヒノキの産地

ヒノキの分布は福島県南部以南の本州、四国、九州である。ただし、天然林が残るのは、木曽・高野山・高知県西部などである。また、人工林としては吉野・尾鷲・東濃・天竜・和歌山の各地方のものが有名である。

● 人工林
人の手で植栽などが行われ、造林されてる森林

ヒノキをダイニング・キッチンの床に使用した例

耐水性のあるヒノキは、台所など水廻りの床にも問題なく使用できる

立木

樹幹は通直で、常緑の高木

樹皮

濃赤褐色で、薄皮のように裂ける

葉

葉の先はやや鈍形で、側葉の先はやや内側に曲がっている

ヒノキを階段踏面、床に使用した例

加工性に優れ、階段や洗面室など、さまざまなところに使用できる

ヒノキを天井に使用した例

ヒノキは特有の芳香を楽しめる

木材の基礎知識

構造材として用いる

エンジニアードウッド

造作材として用いる

適材適所な使い方

木材活用術

スギ

日本の固有種であるスギは、やわらかく加工性に優れている。幅広い価格帯、豊富な供給源も魅力で、多用途の材となる

針葉樹　スギ
名称：杉、椙
分類：ヒノキ科スギ属
分布：北海道（函館を北限とする）〜九州

日本の固有種

スギは日本の固有種で、種類も豊富であり、全国に数百種あるといわれる。戦後、全国で一斉に植林された、国内で最もポピュラーな樹種の1つである。代表的なものには、屋久杉、秋田杉、吉野杉、魚梁瀬杉、北山杉などがある。辺材は淡黄色で、心材は淡紅色〜黒褐色までさまざまである。木目は通直でやわらかく、加工が容易である。

なお、ベイスギは日本でいうネズコのことであり、性質や特徴は異なる。

ユーティリティが高い

建築用として外部・内部問わずあらゆる部材に使用されている。真っすぐに育つため、長尺材が取りやすく、樹齢に応じて太く育つ。

そのため、ほかの樹種に比べて赤身・白太や板目・柾目を選り分けてそろえられる。

床材としての長所は、やわらかく足触りがよいこと、呼吸率（調湿機能）に優れていることである。ただし、呼吸率がそのまま収縮率の高さにつながるため、乾燥が重要な意味合いをもつ。長年使用すると夏目が押しつぶされ、浮づくり（p.79）のような状態になっていくので、耐久性を考えると、厚材（30mm程度）で使用するほうが好ましい。

材がやわらかいので傷は避けられないが、復元率が高いので、少々のへこみであれば、個人でメンテナンスできる。ただし、床暖房との相性がよくないので、床暖房に頼らなくてもスギ材の温かみを生かした使い方ができないものか考えたい。

価格帯の幅広さは群を抜いており、坪当たり数千円の安価な板材から、何百万円もする高級材まである。供給資源は豊富なので、国内の森林環境保護の点からも積極的に利用していきたい。

● ネズコ
別名クロベとも呼ばれる。本州中部の山岳地帯に主に分布し、木曽五木の1つとされている

● 浮づくり
木材の表面を焼いたうえでワイヤーブラシなどでこすり、やわらかい部分をへこませ、木目を部分を浮き上がらせるように仕上げたもの

スギをダイニングの床に使用した例

やわらかく足触りがよい

立木

常緑の高木で、30〜40mに生長する

樹皮

赤褐色または暗赤褐色。繊維質で細長くはがれる

葉

針形で、基部は太い

スギを壁に使用した例

子ども用トイレの壁に使用し、優しい雰囲気に

スギを床に使用した例

床材に用いることでスギの温かみが感じられる

木材の基礎知識

構造材として用いる

エンジニアードウッド

造作材として用いる

適材適所な使い方

木材活用術

ヒバ

辺材が少なく、心材の割合が多いヒバは、耐水性に優れるため、浴室の壁材などに適する

> 針葉樹　ヒバ
> 名称：檜葉（別称：翌桧［アスナロ］、能登での
> 　　　地域名：档［アテ］）
> 分類：ヒノキ科アスナロ属
> 分布：北海道（南部）、本州（青森県・栃木県・
> 　　　佐渡島・能登あたり）。日本特産

主要産地は青森と石川

最も有名な産地は、日本三大美林の1つの青森ヒバである。青森県内の産地により違いはあるものの、伐採されているのは主に樹齢130～250年生のものが中心となっている。

近年、推定蓄積量1,000万㎥強ではあるが、原木生産の中心である大径木が減ってきたため、現在は年間1万3,000㎥に伐採の量を制限し、将来的に増伐していけるように計画伐採されている。植林せずに天然更新としており、下草刈り等の人の手助けを受けることなく原生林的に自然淘汰され、生き残ったものが青森ヒバの成木となる。日本で唯一の天然木であるといってよいだろう。

一方、量的に生産を伸ばしているのが、石川県の能登のアテである。能登ヒバと呼ばれ、青森ヒバと同じアスナロ属であり見分けがつきにくいが、大半が植林されたもので、80年生位の若い木で年輪が荒い。木が若い分青森ヒバより死節が少ないが、ねじれ等の欠点が出やすいので化粧材としての用途には慎重を要す。

ヒバは湿気に強い

ヒバの最大の特徴はヒノキチオールという成分である。ヒノキチオールは、菌を増やさないという効果があり、カビを寄せつけず腐朽菌に強く、湿気に圧倒的な強さをもつ。また、蚊や蟻などの虫が嫌がる香りをもち、シロアリにも強い。

最近では、カビが発生しにくく幅の収縮が少ないヒバの柾目を利用して、浴槽がつくられ、国内外のリゾートホテル等に多く採用されている。

住宅では特性を生かし、土台や水廻りの柱等に多く採用されている。また、杢目の美しさや柾目の細かさから、日本伝統の和室の材料や室内の壁・床に古くから使われてきたが、近年ではヒバのチップをドッグランやガーデニングの材料として使うことも増えている。

● 日本三大美林
良質の材が育つ天然林で、青森県の青森ヒバ、秋田県の秋田スギ、長野県の木曽ヒノキが三大美林といわれる。人工林では、静岡県の天竜スギ、奈良県の吉野スギ、三重県の尾鷲ヒノキが三大美林に挙げられている

● ヒノキチオール
ヒバやスギに含まれる芳香族化合物の1つ。台湾ヒノキに発見されたもので「ヒノキ」と名前がついているが、国産ヒノキにはほとんど含まれない

ヒバを浴室に使用した例

耐湿性に優れていることから浴室や洗面室に採用

立木

30mまで生長する高木。幹も太い

樹皮

暗赤褐色の繊維質で、縦に裂ける。すべてのヒバには、イモ肌、ヒノキ肌、スギ肌の3種類がある。この写真はヒノキ肌

葉

大形の鱗状で、側葉の先は内曲している

ヒバを床に使用した例

なめらかな仕上がりで、特有の香りを放つ

ヒバを天板に使用した例

緻密で狂いも少ない

木材の基礎知識

構造材として用いる

エンジニアードウッド

造作材として用いる

適材適所な使い方

木材活用術

アカマツ

マツタケと共生し、寿命の長い樹種である。
長さ1間（1,820㎜）が主流で、床材として注目されている

針葉樹　アカマツ
名称：赤松（地松）
分類：マツ科マツ属
分布：北海道〜九州まで

内陸部で育つアカマツ

　樹皮の色が赤いことからアカマツと呼ばれるが、芯材は褐色、辺材は黄色みを帯びた白色で、時間と共に艶のある飴色に変化する。

　明るい場所を好んで育つが、不毛な土地でも耐えられるため、内陸部を中心に植林されてきた。1970年代から松くい虫（マツノザイセンチュウ）の被害が爆発的に増加し、本州の多くの地域で産出が減少した。現在の主産地は東北と長野県などの高地である。

　良好な環境のアカマツ林では、マツタケが多く見られる。マツタケとは共生関係にあり、マツタケの生える山は木の寿命が長いといわれる。ロシアや北米から輸入されるマツのことをパイン材と呼び、ホームセンターなどではお馴染みの材であるが、木目は近いが日本のアカマツとは別物である。

床材として多用

　古くから曲がりと粘り強さを生かして民家の丸太梁として多用されてきたが、プレカット主流の現代建築には不向きとされ、近年は構造材としての利用は減っている。その代わり、硬い冬目とやわらかく保温性のある夏目のバランスのよさから、床材として注目されるようになった。ただし、ヤニ分を含むため、脱脂乾燥されたものを使用することが多い。

　日本のアカマツは曲がりが強く、長尺材が取りにくい。床材としての長さは1間（1,820㎜）程度が主流である。また伐期や乾燥工程に細心の注意が必要で、夏（水を吸い上げる時期）に伐った材や養生中に雨にあたった材は、例外なくアオ（カビ）が入り、意匠上敬遠される傾向にある。ただ、強度や耐久性には全く問題がないため、最近ではアオ入りのアカマツ材をブランド化し、新たな付加価値を付ける動きもある。

● 脱脂乾燥
　蒸気式乾燥装置を用いて、蒸煮や高温乾燥を行うことで、脱脂と乾燥を同時に行う方法。この方法では効率よくヤニの精油成分を蒸発除去することができ、材には固形のロジンのみが残る

**アカマツを
床に使用した例**

保温性のよさ、耐久性の高さに特徴がある

立木

丘陵に多い常緑樹。高木と低木がある

樹皮

赤褐色〜暗赤色で、亀甲状の割れ目ができる

葉

針形の緑色で、断面は半円形

床材として使用する場合は、脱脂乾燥を行いヤニの成分を除去する。着色オイル塗装仕上げ

木目が鮮明で加工性がよい

木材の基礎知識

構造材として用いる

エンジニアードウッド

造作材として用いる

適材適所な使い方

木材活用術

カラマツ

紅葉する針葉樹で、心材と辺材の色差が明確なのが特徴。乾燥次第で品質に大きな差が生じる

針葉樹 カラマツ
名称：唐松・落葉松
分類：マツ科カラマツ属
分布：岐阜以北〜北海道（近似種：ヨーロッパ・
シベリア・ヒマラヤ・北アメリカ北部など
の亜寒帯）

耐久性があり旋回木理をもつ

秋になると広葉樹のように葉が黄色に変わり、落葉する珍しい針葉樹。信州の東信地区を原産とし、岐阜県以北に生育する。国内では信州や北海道で積極的に植林が進められたほか、東北地方にも多い。ロシアや中国から多く輸入されている「ラーチ」も同種のものである。

心材は褐色、辺材は黄白色で色差がくっきりとしている。水に強く高い耐久性をもつ。ただし、ねじれながら育つ旋回木理を有するため、建築用材として使用するには熟練した乾燥技術が必要である。

割裂性はよいが、針葉樹としては加工しにくい部類に入る。

十分な乾燥が用途を拡大

昭和中期ごろまでは土木用材としての需要がほとんどだったが、乾燥技術が発達した昨今は、外壁やデッキ材、内装材などとして用途を広げた。

それまで建築用材として認知されていなかった最大の理由は、「ねじれやすく暴れが大きい」ことと「ヤニの問題」が挙げられる。原木価格は比較的安いものの、十分に乾燥・養生させた材でないと欠点が顕著に現れてしまう。現在は乾燥がよくなったことで大径材も増え、心去り材の種類や桁・梁材も多くなった。心去り材はねじれや割れが少なく強度もあることから、幅広く使われている。

通常40〜60年生の原木を伐採し、建材に加工する。80年生以上の高齢木や天然林のカラマツは「天カラ」と呼ばれ、銘木として珍重されている。床材としては、針葉樹のなかでは比較的、硬さがあり、色をそろえやすい。節にこだわらなければ供給量も安定しており、比較的安価で人気がある。

● ラーチ
ヨーロッパカラマツのことで、西洋カラマツなどとも呼ばれる。日本のカラマツと比較すると幹がやや細身である

● 割裂
物体が2つに裂かれる現象。木材は繊維に沿って割裂しやすい性質をもつ

● 大径材
末口径が30cm以上の木で、側板で無地上小が取れる。剥ぎ板にして、カウンターやテーブルなどに使われる

カラマツを図書館の床に使用した例

色をそろえやすく、硬さがあることから、図書館の床として採用された

立木

生長の早い高木

樹皮

不規則な鱗片状にはがれる

葉

線形で、長さは 1～3 ㎝、幅は 1～1.5 ㎜

カラマツを床に使用した例

供給量も安定しているためコストパフォーマンスもよく
人気がある

赤みのある色合いが、温かく明るい印象にしてくれる

節目のある表情が自然らしさを強調し、床材として人気
が高まっている

木材の基礎知識

構造材として用いる

エンジニアードウッド

造作材として用いる

適材適所な使い方

木材活用術

サワラ

ヒノキの妹分ともいわれるサワラは、軽く加工がしやすい。外装材としても使われるが、供給量は少ない

針葉樹　サワラ
名称：椹
分類：ヒノキ科ヒノキ属
分布：本州（岩手県以西、四国、九州）

ヒノキに似た日本特産の樹種

　日本特産の樹種である。ヒノキに似ており、種子、苗の状態では、林業に携わる人でもヒノキとの見分けは難しいといわれる。そのため、ヒノキの苗を植林する際に、数%混ざった状態でヒノキ林のなかで育つこともあるという。やがて成長すると、葉の形状にヒノキとの違いが表れてくる。葉先を比較して尖っているほうがサワラである。

　産地は木曽、伊那（長野県）などが有名。人工造林も行われているが、伐採量には限りがある。

　重厚なヒノキに対して、サワラはやわらかくて軽い性質から、ヒノキの妹分と呼ばれてきた。昔からヒノキは「高級品」と位置づけられており、価格的にもほかの樹種に比べ高価

だった。そこで、ヒノキによく似たサワラが代用品として、しだいに人々の生活に欠かせないものとなっていったのである。

赤身は耐久性がある

　サワラは、ヒノキよりも赤みがかった黄色をしている。気乾比重が0.34とヒノキの0.41に比べて軽く、加工しやすい。また、特有のサワラニンという物質を多く含み、ヒノキのような強い芳香ではなく、さわやかな香りを放つ。

　サワラは水や湿気に強いので、外装材として使用されることも多い。特に赤身の張った高齢樹は、耐久性に優れ、浴室内の造作材や浴槽、樽、桶などに利用される。水などに濡れると、赤色のシミのような紋様が浮かび上がるのが特徴である。

　加工性がよいため、床、壁材にも適しているが、絶対数が少なく、ヒノキのような安定供給が難しい。なお、ヒノキより強度が劣ることから、構造材としてはあまり使われない。

木口

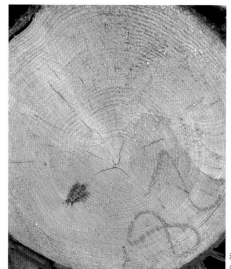

赤みがかった黄色の木口

葉

先は尖っていて、側葉の先は内曲しない

サワラを浴室に使用した例

木曽サワラを使用した浴室。水や湿気に強いことから、浴室の天井、壁などに採用される

設計：アトリエボンド

脱衣所の床にサワラを使用。ヒノキよりも軽く加工性がよい

設計：野口泰司建築工房

立木

ヒノキに似た高木の常緑樹。灰褐色または赤褐色の樹皮をもつ

木材の基礎知識

構造材として用いる

エンジニアードウッド

造作材として用いる

適材適所な使い方

木材活用術

カナダツガ

カナダブリティッシュコロンビア州の太平洋沿岸に生育。白木で木目が詰まり、強度性能に優れた木材

針葉樹　カナダツガ
名称：カナダツガ、ヘムファーノース
分類：マツ科ツガ属
分布：カナダブリティッシュコロンビア州太平洋
　　　沿岸

カナダツガは大きく2種類

カナダツガは主にカナダ、ブリティッシュ・コロンビア州沿岸地域に生育する温帯針葉樹である。樹高は40〜60mに達し、胸高直径も60cm〜1m以上にまで成長する。夏季は乾燥し、冬期は降雨（降雪）が多い厳しい気候条件下でゆっくりと育つため、木目が詰まり、強度性能に優れた木材だ。ウェスタン・ヘムロックとアマビリス・ファーの2つの樹種があり、アマビリス・ファーは木肌が白くて柔らかく、ミネラル・ストリークといわれるかすり（入皮）が多く入りアテが少ないのに対して、ウェスタン・ヘムロックはアマビリス・ファーに比べて硬く、アテ材が多く見られる。英語ではHem-Fir（N）と表記され、カナダーアメリカ国境以南で育ったベイツガと区別される。カナダツガはベイツガに比べて濃い白色になり、ベイツガはカナダツガに比べてくすんだ色をしている。

白木の柾目材として広く使用

用途としては母屋・桁や防腐注入加工をした土台などの構造材や筋交い・根太・垂木などの羽柄材に使用される。大径木が多く節の少ない白木の柾目材が取れて、塗装ののりがよいため窓枠・ドア枠・廻縁・巾木などの洋室用造作材に使用されるだけでなく、和室用の鴨居・敷居などの造作材としても使用される。

丸太

心材と辺材の境界ははっきりしている

樹皮

縦に裂けて鱗片状にはがれる

葉

線形で葉先は凹状

ツガをカウンターに使用した例

大きな材が取れるため、その重厚さをカウンターに生かした

玄関にツガを使用した例

高級材としても人気のあるツガを玄関床に使用

ツガをリビングの床に使用した例

硬い材で水切れがよいため、床材として最適である

伝統構法に則って建てられた住宅に、土佐ツガを朝鮮張りした

硬さがあるため加工は難しい面があるが、耐久性が高い。着色オイル塗装仕上げ

木目が緻密で色つやのある美しさがある

木材の基礎知識

構造材として用いる

エンジニアードウッド

造作材として用いる

適材適所な使い方

木材活用術

レッドシダー

フェノールを多く含むため防虫・防腐性が高く、耐朽性に優れる。
寸法の安定性が高く外装材などに多く使われる

針葉樹　レッドシダー
名称：米杉、カナダ杉
分類：ヒノキ科ネズコ属
分布：北米大陸西部地区一帯

通直の木理で独特の香り

レッドシダーはベイスギとも呼ばれるが、いわゆる日本に生育するスギの仲間ではない。ヒノキ科ネズコ属で、そこからアメリカネズコとも呼ばれる。日本の鼠子（常緑の針葉樹でヒノキ科クロベ属。本州や四国が産地で主に中部地方に多い。木曽の五木の一樹種）と同種。

辺材は白く、心材は赤褐色だが、その色調はさまざまである。木肌は中程度からやや粗いが、木理は通直で独特の芳香がある。

強度は低いほうだが、軽く、加工性がよい。乾燥後の収縮が少なく、防虫・防腐効果の高いフェノールを多く含んでいるため、耐朽性

も高い。カナダでは、先住民族のある部族が、レッドシダーでトーテムポールやカヌーをつくっているほどである。

外装材、デッキ材として有用

北米では、屋根葺き材（ウッドシェイク）や外壁材に利用されている。日本では高樹齢の秋田スギの代用品として、天井板などにも加工されていた。

近年は2×4材として多く出回っており、腐りにくく耐朽性がよい性質を生かして、外装材やデッキ材に使用されている。

国内製材品もあるが、カナダのブリティッシュコロンビア州の原木輸出制限により、製材品の輸入に変わりつつある。製材の際に出る木粉がアレルギー反応の原因になる場合がある。

外装・外構等で乾燥と湿潤を繰り返す箇所に適した特性を備えている。

● フェノール
独特の香りをもつ有機化合物。石炭酸ともいう

立木

高木で幹の太さが3mを超えるものもある

樹皮

暗赤色で縦に裂ける

葉

小さなウロコ状で、厚みがあり光沢をもつ

レッドシダーをデッキに使用した例

耐朽性が高いことから、デッキ材として採用されることも多い

レッドシダーを玄関扉に使用した例

加工性がよく、乾燥後の収縮も少ないため玄関のドアに使用

壁・天井にレッドシダーを使用した例

褐色の製材を壁や天井などの大きな面に使用することで、雰囲気のある空間がつくれる

木材の基礎知識

構造材として用いる

エンジニアードウッド

造作材として用いる

適材適所な使い方

木材活用術

ブナ

ブナは、均一な肌色で規則的に並んだ木目が美しい。
曲木として最適な木材である

広葉樹 ブナ
名称：椈・山毛欅
分類：ブナ科ブナ属
分布：東アジア、北アメリカ、ヨーロッパ。
　　　日本では北海道〜九州まで

生命力が強く、単一で森を形成

　本来すべて辺材だが、偽心材と呼ばれる部分を形成する。偽心材は褐色または紅褐色、辺材は白色、淡黄色または淡紅色で、境界は不明瞭である。ほかの樹種よりも生命力が非常に強く、単一樹種で森を形成することができる。ブナの森は非常に美しく、その代表が秋田県の白神山地である。ヨーロッパではブナを「森の母」「森の聖母」と呼んでいる。

耐久性に難。貯木量は豊富

　日本では現存量の最も多い広葉樹である。多くは均一な肌色をしており、小さな斑が規則的に並んだ木目はおとなしく、見た目にも美しい。ブナは立木の場合、水分蓄積量が高いため、人工乾燥機が導入される前は材の伸縮が大きく狂いが生じやすいため、豊富にあるわりには建築用材として積極的に使われる場面が少なかった。しかし、昨今の乾燥技術の発達と合板加工技術の出現により、その長所が生かされ加工需要が増している。

　一方、その性質から曲木に適しており、明るい木肌と主張しない木目から、家具用材として比較的好んで使われてきた。オイルなど浸透性の塗料を重ね塗りすれば、ブナの美しさがより醸し出される。ワックス成分が多く配合されている塗料は、比較的少ない塗り回数で仕上がる。また、ウレタン塗装やUV塗装のような塗膜を形成する塗料を使用すると、ブナの美しさをより発現するため、既製品の床材は塗膜塗装としたものが多い。主にヨーロッパからの輸入材であり、国産のブナを使用した建材は蓄積量が多いわりには、製造している工場がほとんどない。板材にした際に狂いが生じやすく、歩留まりが悪いのが敬遠される理由のようだ。

● 偽心材
ブナは心材・辺材とも白っぽく区別がない樹木だが、まれに円形の褐色の部分が現れることがある。この不正常な状態を偽心材と呼んでいる

● 曲木
木材を蒸煮して、金型にはめて固定し、乾燥させ曲面に形成した部材のこと

立木

落葉樹の高木。
無毛の葉は互生する

樹皮

鱗状の灰青色

ブナを床に使用した例

明るい木肌と木目が美しいブナを、LDKの空間に広く使用した例

木口

小さな導管が分散される散孔材のため年輪はやや不明瞭

板目

放射組織が濃い色の点で表れる

柾目

虎斑と呼ばれる細長い斑点が入るのが特徴

木材の基礎知識

構造材として用いる

エンジニアードウッド

造作材として用いる

適材適所な使い方

木材活用術

ケヤキ

さまざまな美しい杢が楽しめるケヤキは、重厚な質感で、玄関の式台、テーブルの天板などに適している

> 広葉樹　ケヤキ
> 名称：欅
> 分類：ニレ科ケヤキ属
> 分布：本州、四国、九州、朝鮮半島

本州～九州に生育

北海道、沖縄などを除く日本の山野に生育する落葉広葉樹。公園や街路に植えられることが多い。高さ20～30m、直径は大きなもので5mにもなる。

みやびやかで存在感がある。色は橙色が強い茶色。年輪がはっきり分かりやすく、素直な木目で上品。つやつやと滑らかな仕上がりながら、重厚な質感がある。玉杢・牡丹杢・泡杢・如輪杢・葡萄杢・笹杢など、美しい杢が出てくるものもあり、珍重される。

高級材として用いられる

ケヤキは水に強く、弾力性と硬さをもち合わせ、耐久性がある。そのため、建築用材では古くから家の大黒柱や社寺建築などで、高級材として用いられてきた。そのほか、玄関の式台や框、床の間板など、住宅の大切なところに用いられ家全体を引き締める。家具用材としてもテーブルの天板やタンスに、面白いところでは、杵や臼、タイコの胴にも加工されている。

また、赤ケヤキと青ケヤキに区別されることがある。材質がよいとされるのが赤ケヤキで、青ケヤキは若木で比較的色が浅く辺材が多くて暴れやすい。ケヤキは育ち方の違いで材料の質が違うため、呼び名を変える場合もあるのである。大木になることもあるが、簡単に育つわけではないので、高価な材料には間違いない。ただし、辺材を含む青ケヤキはわりと手ごろな価格で手に入る。

床材としての価格は、ピンキリである。土場で数年寝かせた丸太を板に挽き、7年以上寝かせたものから、濃い赤茶の心材部分だけを選んで製材したものまで。後者は、坪単価で数百万円するものもある。青ケヤキは広葉樹の床材として一般的な価格に収まる。

● 大黒柱
日本の木造民家の構造において、最も重要な役割を担う通し柱のこと。ほかの柱よりも太く、家の中央に最初に立てられる

立木

落葉樹の高木で、大木になる

葉

細い卵形で大きさは3～7cm

ケヤキをリビングの床に使用した例

重厚さのなかに上品な雰囲気が感じられるケヤキの床。弾力性があり、使い込むほどつやや光沢が増す

ケヤキを階段に使用した例

ケヤキを天板に使用した例

水に強いことから、キッチンの作業台とつながったテーブルの天板に使用

硬く、耐久性があるため階段板などに使われることも多い

木材の基礎知識

構造材として用いる

エンジニアードウッド

造作材として用いる

適材適所な使い方

木材活用術

クリ

木目が上品で、優しい雰囲気のある樹種。やわらかく、温かみのある床材として人気がある

広葉樹　クリ
名称：栗（呼び名：シバグリ、ヤマグリ）
分類：ブナ科クリ属
分布：北海道南部、本州、四国、九州、朝鮮半島

東北地方に優良材がある

世界中でクリの種類は約10種類ほどあるが、よく見かけるのは日本の柴栗、甘栗の原料のシナグリ、マロングラッセにするセイヨウグリなどである。イガに包まれたクリの実は、古くは縄文時代から、食用として人々の暮らしを潤してきた。

クリは落葉広葉樹である。冬の寒さで照葉樹が育ちにくく、夏の暑さでブナなどの落葉冷温帯樹種が育ちにくい森林帯によく育つ。現在、産地としては、東北地方が有名である。

クリは高さ約20m、直径60cmほどが一般的で、大きいものは直径1.5mにもなる。上品な茶色の木目で、表情がどことなく優しい。ナラが硬く男性的な印象であるのに対し、クリはやわらかく女性的な印象を与える。

また、浸透性の塗料を塗装すると木目が映え、より魅力的な表情になる。

ピンホールと呼ばれる、とても小さな節があるのも特徴の1つ。

やわらかく温かみがある

クリはタンニン分を多く含み、水に強い。また、シロアリなどの害虫にも強く、腐食しにくい。耐久性に優れており、昔から家の土台としてよく使われてきた。そのほか、線路の枕木、土木用の杭などに使われた歴史があり、今はデッキ材・床板などとして人気がある。

いわゆる「名栗」の語源は、兵庫県丹波の職人がクリ材を手斧で波形に削ったものがもとといわれている。

床板にするとほどよい硬さで、足触りがよい。硬い材料として扱われる広葉樹のなかではやわらかいほうで、立ち仕事などでも足が疲れにくい。また温かみがあり素足で過ごす生活がしやすい。

● タンニン
植物界に広く存在している、芳香族化合物。多数のフェノール性ヒドロキシ基をもつ。革を鞣すのに用いられる。また、茶やワインなどにも含まれる

立木

落葉樹で高木だが、まれに低木もある

樹皮

暗緑色で皮目がはっきりしている

木口

伐採後は木口からひび割れが入りやすい。心材と辺材の境目は不明瞭

クリを床に使用した例

適度な硬さと温かみがあるクリをリビングの床に使用

上品な茶色の木目がリビング全体をやわらかく優しい雰囲気の空間にしてくれる
設計：U設計室　落合雄二

子どものための図書スペースの床に用いた例

耐久性に優れ、水にも強いことから、カフェの床に使用した例。着色オイル塗装仕上げ

天板にクリを使用したテーブルの例

自然の形を生かしたクリのテーブル

木材の基礎知識

構造材として用いる

エンジニアードウッド

造作材として用いる

適材適所な使い方

木材活用術

ナラ（コナラ・ミズナラ）

虎斑は家具材として好まれる。
床材として耐久性に優れ、深みのある色は塗装でさらに輝く

> 広葉樹　コナラ・ミズナラ
> 名称：（小）楢（水）楢
> 分類：ブナ科コナラ属
> 分布：北海道、本州、四国、九州（近似種：南カ
> 　　　ラフト、南千島、朝鮮半島、中国東北部）

低地から山岳地まで生育する

　ナラは、低地から山岳地まで広範囲に生育する落葉広葉樹である。高さ25m、直径1.5mになるものもあり、枝葉も大きく広がり雄大である。色は濃い茶色で深みがあり、少し荒々しく男性的な表情をしている。

　年輪とは別に、動物の毛並みのような模様が入るところに特徴がある。「虎斑」は水分や養分を運ぶ通導組織が柾目板に帯状に現れたもの。家具材の定番樹種である。近年はウイスキー需要の高まりから樽材の引き合いが強く、突板メーカーとの取り合いとなっている。

硬いが加工しやすい

　ナラは重くて硬く、乾燥の縮みも大きく、反りや曲がりも大きい。厚板は板目材だと材面割れを起こしやすく、柾目で製材するため板幅は他の樹種と比べて狭くなる。だが、その木目の美しさと色合いから評価が高い。また、北海道のナラ材は世界的な銘木として盛んに輸出された歴史があり、世界のナラ類のなかでは加工しやすく見映えもよいとされている。

　ナラ材は床材としても人気の樹種である。現在、中国からのナラ材の多くは、ロシアなどから中国経由で輸入されている製品がほとんどである。

　もともと、ヨーロッパでは家具材・床材にはオーク（ナラ）が用いられていたため、フローリング＝オークというイメージがある。

　しかし、日本の場合、素足で生活することが多いため、すべての場面で硬い床となるナラ材は勧められない。椅子やソファのある生活の場や、土足の床、店舗などに向いている。

樹皮

落葉樹の高木。樹皮は黒褐色で、縦に深い割れ目ができる

木口

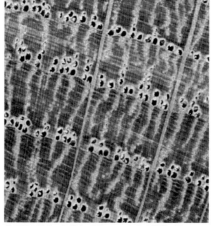

木口面の拡大。年輪とは別にこのような模様が入る

葉

葉は互生し、縁には大型の鋸葉がある

ミズナラを床に使用した例

塗装もしやすいため、床材としては一般的で人気も高い

学校の廊下に使用した例

適度な硬さがあり、傷が付きにくい床材である

LDKの広い空間に使用することで、木目の美しさが引き立つ

重く、硬いことから土足用の床にも向いている

木材の基礎知識

構造材として用いる

エンジニアードウッド

造作材として用いる

適材適所な使い方

木材活用術

タモ

木目が縦に真っすぐ通り、はっきりしている。均質で粘りがあり、弾性が高いため枠材に適した樹種である

広葉樹　タモ
名称：（谷地）楢
分類：モクセイ科トネリコ属
分布：北海道、本州（中部以北）

肥沃な湿潤地に育つ

タモ（別名「谷地ダモ」）は、読んで字のごとく谷の地、湿地に育つ樹種である。沢沿いで肥沃な水はけのよい湿潤地を好み、湖畔などではごく普通に見られる。

主に北海道で育つが、広葉樹のなかでも樹高が高く30m以上にもなり、直径も1mほどに成長する。生育の良さから、植林も多くされている。

ケヤキやクリと同様、大きな導管が年輪に沿って並ぶ環孔材に分類される広葉樹の仲間で、木目がはっきりしている。心材は淡い黄褐色がかった銀鼠色、辺材は明るく白っぽい黄土色で、心材と辺材の境界は明瞭である。

広葉樹のなかでも特に木目が縦に真っすぐ通っており、材質は均質、粘りがあり、節や材利用上の欠点も少ない。

北海道には「ヤチダモ」のほかに「アオダモ」がある。アオダモはトネリコとも呼ばれ、主に野球のバット用材として重宝されている。なお、北米産のホワイトアッシュも同じトネリコ属であるため、メジャーリーグのバットはこの材を利用することが多い。

加工性がよく多用途

ほかの材に比べ弾性が高く、ナラやカバほど硬くないため、加工性もよい。

関西では、昔から手摺や幅木などの枠材に同じトネリコ属のシオジを好んで使っていたが、近年は入手困難になったため、北海道産のタモ材が使われるようになった。

しかし、現在流通しているほとんどは、ロシアから中国を経て輸入された、日本のタモに近い品種の材である。

用途は多く、枠材などのほかにカウンターや階段の段板などには、タモの集成材も多く使われる。

● 導管
広葉樹がもつ水分を通す管状細胞

● 環孔材
大きめの導管が年輪に沿って並んでいる広葉樹。環孔材は年輪が明瞭になる

天井にタモを使用した例

均一な材質を確保でき、加工性がよい

タモを腰壁に使用した例

学校の廊下の腰壁にタモを使用。幅広い用途に使える

立木

高木または3〜4mの小高木

樹皮

暗灰色で縦に割れる

タモを床に使用した例

木目がきれいであるうえ、材に粘りがある

葉

対生で、奇数の羽状複葉である

木口

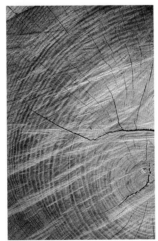

細く明瞭な年輪をもつ

木材の基礎知識

構造材として用いる

エンジニアードウッド

造作材として用いる

適材適所な使い方

木材活用術

イタヤカエデ

肌触りの滑らかな材面に緻密で複雑な木目が特徴。絹糸のような光沢もあり、楽器にも用いられる硬さをもつ

広葉樹　イタヤカエデ
名称：板屋楓
分類：カエデ科カエデ属
分布：日本、近似種：サハリン、朝鮮半島、中国など

北海道を中心に分布

　日本では北海道を中心に広く分布する落葉広葉樹である。カエデ類のなかでは比較的大きく育つ種で、20mくらいになる。カエデの名の由来は、葉の形がカエルが手を広げた様に似ているからだといわれる。その葉が、屋根がかかったように広範囲に生い茂る様子からイタヤ（板屋）カエデと呼ばれるようになった。

　一般に、紅葉で葉が赤く美しく色づくのはイロハモミジなどで、主に日本国内やアジア地域に集中して自生している。イタヤカエデは黄褐色に変化する。

　色合いは全体的に白っぽく、心材はやや赤みを帯びている。なめらかな肌触りの材面には、絹糸のような光沢があり、緻密で複雑な杢目が見られる（縮み杢、波状杢等）。なかでも鳥の目のような小さな杢が無数に出る鳥眼杢が有名である。

床材、家具材に適する

　硬く丈夫であるため、家具に多用されるほか、独特の振動性能をもつことから、バイオリンやピアノなど楽器の材料として最適とされる。

　強さと美しさを兼ね備えていることから、内装材としての需要も高い。特に米国材のハードメイプルは敷居やドア枠、幅木などに多く利用されていた。だが現在は、保護されたことと価格の高騰であまり輸入されていない。

　床材としては、国産材以外に中国やロシアから、日本のイタヤカエデに近い品種の材が輸入されている。ただし、カエデはほかの一般的な広葉樹に比べてねじれが生じやすいので、乾燥工程には特に注意が必要である。購入の際は、乾燥工程と含水率に留意している協力会社から仕入れる必要がある。

● ハードメイプル
北アメリカ原産でカナダを代表する樹種。サトウカエデ（シュガーメイプル）ともいわれ、樹液を煮詰めてメープルシロップがつくられる。日本のイタヤカエデと比べると、より高く育つ

イタヤカエデを廊下の床に使用した例

木目が美しく、強度が高い

立木

20m前後に生長する高木の落葉樹

樹皮

縦に裂け、割れる

板目

緻密で白く光沢のある木目

板目杢

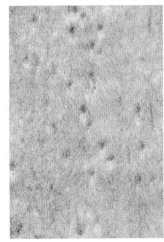

鳥眼杢など美しい杢が出る

葉

対生する。縁に鋸歯はない

床にイタヤカエデを使用した例

肌触りのいい材で保育園の床に使用された

LDKに使用した例

木材の基礎知識

構造材として用いる

エンジニアードウッド

造作材として用いる

適材適所な使い方

木材活用術

オニグルミ

つやのある木目で、心材と辺材の境界がはっきりしている。適度な強度と加工性のよさが魅力的な樹種

広葉樹　オニグルミ
名称：鬼胡桃 分類：クルミ科オニクルミ属 分布：北海道、本州、四国、九州、サハリン

全国に分布する

　日本全国に広く分布する落葉広葉樹で、種（実）が硬くゴツゴツとした殻をもつことで有名である。果肉のなかの種は食用としたり、搾って油を得たりする。

　心材と辺材の境界は明瞭である。心材は橙色っぽい褐色で、塗装をすることでさらに明るく変化する。辺材は灰白色。全体的につやっぽく木目が美しい。材面の感触はやわらかく、見た目にも温かみのある印象を受けるが、十分な耐久性もある。同じクルミ科でも、サワグルミなどはやわらかく耐久性に劣り、見た目も白っぽい。代表的な用途はつまようじである。同じクルミ科の国産材でありながら、樹種によっては対照的な性質を有する。

塗装性のよい家具用材

　適度な強度と加工性のよさを併せもち、磨き込むことで深いつやが出るため、古くから家具用材としての需要が高い。珍しいところで、銃床（硬いなかにクッション性があるため、発射の反動を吸収する材として絶対的に使用される）の材としても用いられる。

　オニグルミは、外材ではウォルナットにあたるが、ウォルナットよりも肌触りがやわらかいため、素足で生活する日本人向けの床材に適している。落葉広葉樹は薪に使われてきたため、枯渇してしまうことが多いが、オニグルミは幸いにして多くの木々が残されており、蓄積量の心配はない。

　無塗装のときは白っぽい色をしているが、オイルなどを塗装すると淡い茶褐色になる。浸透ムラが少なく、塗装性もよい。また、長く使うことにより、より深い色合いとなり、ムク材のよさが醸し出される。

立木

幹の太さ1m、高さは20mにもなる高木。大形で羽状の複葉がつく

樹皮

鱗片状で縦に裂ける。染料としても利用される

オニグルミを床に使用した例

木目が美しいことから和空間の床に使用した例。明るさと温かみのある色合いが空間にマッチする

設計：半田雅俊設計事務所

廊下の床に使用した例。磨き込むことでつやが増してくる

ほどよい強さがありながら、肌触りがよいことから、保育園の床に使用

木材の基礎知識

構造材として用いる

エンジニアードウッド

造作材として用いる

適材適所な使い方

木材活用術

ヤマザクラ

硬く、表情のある材は、高級材として使用されている。
コストを抑えたい場合は代替品も検討したい

広葉樹　ヤマザクラ
名称：山桜
分類：バラ科サクラ属
分布：日本全域、台湾、朝鮮半島

美しい花をつける日本の代表樹種の1つ

　バラ科サクラ属の代表品種である。開花時期は園芸品種のソメイヨシノとほぼ同じで、春の山を美しく彩る。吉野山の千本桜はもともとはこのヤマザクラであり、昔から和歌などに多く読まれている日本を代表する樹木の一種である。長寿の木でもあり、ソメイヨシノが寿命60年程度なのと比べて、ヤマザクラは樹齢500年を超えるものもある。

　木材資源としてのヤマザクラは思いのほか豊富である。クリやクルミは食に関わる木として、ホオノキは薬に関わる木として、そしてヤマザクラは美しい花をつける木として、山に残されてきたためである。

個体差が珍重される高級材

　ヤマザクラは、カバやイタヤカエデと同じく、単一品種ではなく「混ざり」が多い樹種である。混ざりとは、個体差レベルの品種が交配し、新たな種ができることをいう。木材にした場合も、立木ごとに表情が違うため、個体差があることを楽しめる木材となる。

　心材は赤身を帯びた黄褐色で、辺材は薄黄色と色に大きな差がある。樹皮は美しく強靭なため樺細工の茶筒などに使われ、硬く滑らかな板材は家具などに多く用いられてきた。建材としては、赤身を帯びた材が高級材として珍重され、屋敷や邸宅といわれるような建築に使用されてきた。

ヤマザクラは代替品も多い

　ヤマザクラは高級材であるため、代替品も多い。ヤマザクラと同じバラ科サクラ属のシュリザクラは、ヤマザクラより軽く、やわらかいため加工性がよく、楽器や木製サッシの枠材などにも使われている。アメリカンチェリーは経年により赤身と白身の色がはっきり分かれているのに対し、ヤマザクラは経年により白身が赤身を帯びていき、濃いグラデーションが美しさを引き立てる。

● 樺細工
伝統木工工芸の1つで、桜の樹皮を利用して、茶筒、煙草入れ、小箱などをつくる

立木

高さは20〜25
m。樹皮は紫褐
色で、横長の波
目をもつ

葉

互生する葉は楕
円形で、長さ5
〜9㎝、幅3㎝
程度

ヤマザクラを床に使用した例

心材と辺材とでは色の差が大きいため、広い面に使用すると、表情が豊かに感じられる。子どもたちも楽しめる保育園の床に使用した例

上品な色味の床も、年を経ると赤みが増し高級感の感じられる茶色に変わっていく

ヤマザクラを使用した例

狂いが少なく加工性がよいことから、腰板に使用。防虫・防水性も高く、磨くことで光沢が出てくる

木材の基礎知識

構造材として用いる

エンジニアードウッド

造作材として用いる

適材適所な使い方

木材活用術

Column

木のプロになろう

■ まずは木造建築の要となるスギを知ろう

「木は難しい」と思われがちですが、実は木を知り、理解することはそう難しいことではありません。当然ながら、昔から建築で使われている樹種(スギ、ヒノキ、マツ、ヒバなど日本固有の代表的な針葉樹)だけでも住宅は建てられます。今後は、貯木量・成長量ともダントツに多いスギが、木造建築の要になっていくと考えられます。そのためにも、まずはスギ(p.82参照)を知り、使うことから始めてみましょう。

樹種の違いは、見た目と触感、そして精油成分による匂いで判断できるので、スギを知ることで、ほかの樹種もその要領で覚えていけるでしょう。水廻りに使用するなら、抗菌物質であるヒノキチオールを多く含むヒバの赤身は最適です。木は見るだけでなく、実際に触って、匂いを嗅ぐなど五感をフル稼働させることで理解が深まるのです。

建築現場でも木に触れたり嗅いだりすることはできますが、国産材のショールームでも、さまざまな樹種や、あるいは同じ樹種でも色々な産地の材を一堂に会して触れることができます。木について詳しい説明を受けることもできます。そのうえで製材所を訪れて、丸太から柱や梁を挽いたり、乾燥されている工程を見たりすることも、木を知ることにとっては大切な勉強だと思います。

■ 適材適所に沿った木材の使い方を覚えよう

長寿命な住宅をつくるためには、適材適所を考えたうえで樹種・部位を選別することが重要です。まずは、心材(赤身材)と辺材(白太)の性能の違いを覚えましょう(p.15参照)。

たとえば土台は、一般にクリやヒノキなどが最適とされています。しかし、南九州や沖縄、東北などでは、赤身材のスギの土台も珍しくありません。スギの赤身部分には、シロアリが嫌うタンニンなどの精油成分が豊富に含まれているため、ヒノキやヒバと同様に高い耐蟻性を有しています。そして乾燥材なら、めり込みもほとんど発生しません。

昨今は、「木のことは大工さんに任せています」という設計者を少なからず見受けます。しかし、すべての大工が木のプロというわけではありません。木造住宅を建てると考えたとき、「土台には、ヒノキの赤身勝ちの材を使い、柱や梁は、○○スギを使います。ただし、この梁だけはアカ(ジ)マツのタイコ梁を考えています。そして、含水率は20％以下の乾燥材です」といった具体的な指示を出すことのできる木のプロとしての「木材コーディネーター」の存在が求められています。

各地にある木材のショールームを訪れてみることが、木の理解への第一歩である

樹種別の板材、角材などのサンプルを手にするだけでも、材の特徴を知ることができる

CHAPTER 5

適材適所な使い方

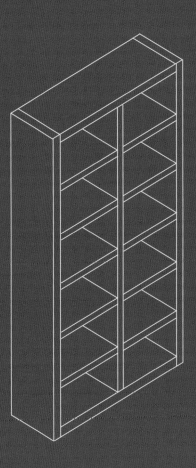

木材を使うメリット

軽くて強い木材は、耐久性のある建築材料。
厚さを工夫することで、準耐火性能のある木造建築も可能となる

木材のメリット

木材はさまざまな特徴、性質をもち、同じ場所で育った木でも、まったく違った特性を発揮することがある。そのため、その特性を生かした使用が求められる。以下は木材の長所と短所である。

構造強度 木材の一番の特徴は、対重量強度が高いことである。軽くて強いため、建築材としては非常に望ましい性能を有している（表1）。

耐久性・耐朽性・耐候性・耐蟻性 コンクリートなどに比べて耐久性が低いとされるが、実際には、建立後1千年以上の木材による古建築が存在する。環境やメンテナンス次第で木材は高い耐朽性を発揮する。耐朽性は水分環境の管理をしっかりすることで向上する。紫外線劣化などの耐候性も、塗装により防ぐことができる。さらに耐蟻性は、水分、侵入経路などへの注意で高めることができる。

断熱性 多くの木は熱伝導率が低い。断熱性は比重に反比例するので、厚さの確保によっては断熱材にもなる（表2）。

防火性 木を燃やすと1分間で1㎜弱炭化するものの、ある程度（40㎜程度）炭化が進むと、それ以上は炭化しなくなる。こうした特性を利用すると、木造でも防火や準耐火などの設計（燃え代設計。図）が可能となる。

加工性 簡単な工具で加工でき、釘や接着剤で容易に固定できる。増改築も容易で、住宅規模の建築には最適である（写真）。

健康への影響 木は多少の毒性をもつが、住宅建築などに使われてきた木材は安全である。また熱容量が小さいため居住性が高く、色合いや香りが精神的な安らぎを与えてくれる。

意匠性 木取りにより、さまざまな表情を見せられる。柾目、板目、玉杢など、多様な表情を家具などに生かせる。節や樹種による独特な色合いや木目も魅力である。

経済性 ほかの建材に比べ、加工工程で使用するエネルギーが少なく、原材料が世界各地に豊富にあることから、非常に経済的である（表3）。

● 燃え代設計
火災時の木材の燃え代を省いた有効断面を用いて許容応力度計算を行い、構造耐力上の安全を確保する設計手法

● 熱容量
物体の温度を1℃上昇させるのに必要な熱量。熱容量が大きいほど温度変化が小さい。つまり、熱容量が大きいと、暖まりにくく、冷えにくくなる。木は熱容量が小さいため、夏は涼しく、冬は暖かく過ごせる

(表1)強度の比較

材料	比圧縮強度 （kg t/㎡）	比引張強度 （kg t/㎡）	比重
スギ	848	1,697	0.33
アカマツ	804	2,549	0.51
鋼材	525	525	7.8
アルミニウム	1,182	1,182	2.7
コンクリート	7.2	72	2.5

ほかの建築材料と比較して、木材は対重量強度が高いことが分かる

(表2)熱伝導率の比較

材料	熱伝導率 （kcal/m・h・℃）	温度（℃）
スギ、エゾマツ （密度0.30〜0.45）	0.08	20
ヒノキ、ラワン （密度0.46〜0.60）	0.11	20
合板（密度0.55）	0.11	20
鋼	347	0
ステンレス	21.1	0
ガラス（パイレックス）	0.937	30〜75
コンクリート	0.86	常温

木の熱伝導率は低く、厚さを確保すれば断熱材にもなる

(表3)加工に要するエネルギー量

材料	エネルギー量 （103kcal/kg）
木材	0.5
石膏ボード	2
鉄骨	7
プラスチック製品	22
アルミニウム製品	73

原材料から製品にするまでの直接投入エネルギー量（石炭、石油類、電気ガスなど）の推計。木材はほかの材料に比べ、加工に要するエネルギー量は少ないといえる

（図）燃え代設計の例

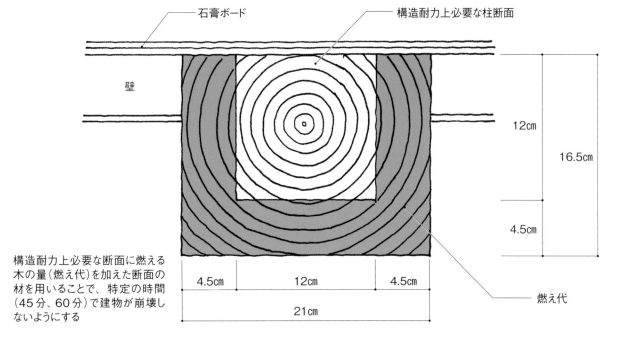

石膏ボード　　　　　　　　　　　構造耐力上必要な柱断面

壁

構造耐力上必要な断面に燃える木の量（燃え代）を加えた断面の材を用いることで、特定の時間（45分、60分）で建物が崩壊しないようにする

4.5cm　　12cm　　4.5cm
21cm

12cm
16.5cm
4.5cm

燃え代

燃え代一覧

耐火構造種別	関係法令	燃え代の厚さ	
		集成材	製材
大規模木造建築物	昭和62年建設省告示第1901、1902号	25mm	30mm
45分準耐火構造	平成12年建設省告示第1358号	35mm	45mm
1時間準耐火構造	平成12年建設省告示第1380号	45mm	60mm

燃え代設計は、従来は大断面集成材にのみ限定されていたが、2004年の告示改正で製材への適用も可能となった

（写真）木材の造作例

広葉樹と針葉樹でそれぞれの形状、色合い、木目などを活かし、独特の意匠性を表現できる

国産集成材（W・ALC）用いた準耐火木造住宅。国産材の利用拡大が期待されている
設計：マツザワ設計　松澤静男（写真2点）

木材の基礎知識

構造材として用いる

エンジニアードウッド

造作材として用いる

適材適所な使い方

木材活用術

土台に適した材

一般的に多いのは防腐・防蟻処理材。
国産の製材では、耐久性が高く流通量の多いヒノキが最も適している

防腐・防蟻処理の土台

現在、大手ハウスメーカーやパワービルダーなどが住宅の土台に使用しているのは、防腐・防蟻剤を加圧注入した輸入材(主にベイツガなど)である(写真1)。

防腐・防蟻処理材(写真2)を土台に用いる場合、指針となるのは住宅金融支援機構の技術基準(フラット35)である。ただし、次に挙げる樹種は、防腐・防蟻措置を講じなくてよいとされている。

耐久性D1の樹種例　ヒノキ、ヒバ、ベイヒ、ケヤキ、タイワンヒノキ、スギ、カラマツ、ベイスギ、クリ、ベイヒバ、コウヤマキ、サワラ、ネズコ、イチイ、カヤ、クヌギ

製材の土台

前述の樹種(D1)には、現実には入手困難なものや非常に高価で一般に使用できないものもある。

国産材のなかではクリの土台が最高級とさ

れているが(写真3)、供給量が少ないため価格も高くなる傾向にある。同様に青森ヒバも供給量が少なく、高価な材である。

コストパフォーマンスを考えると、ヒノキ(写真4)、ベイヒバが適しているといえそうで、国産材保護の見地から言えば、やはりヒノキがベストだろう(表)。

土台用材の注意事項

防腐・防蟻処理材は、薬剤注入処理の性質上、薬剤が完全に木材のなかまで浸透しない。そのため、注入材に後から加工したり現場で穴開けしたりすると、そこが弱点となる。腐朽が発生したり、シロアリの食害を受けたりすることになるからである。特にアンカーボルトの穴は現場であけることが一般的なので、より注意が必要である。

また、製材のうちいわゆる白太と呼ばれる辺材部分の性能は、表の一般的な性能よりかなり落ちる。可能なかぎり、辺材の少ない材を用いたい。

● フラット35
民間金融機関と住宅金融支援機構が提携して消費者に提供する長期固定金利住宅ローン。このローンを組むためには、住宅金融支援機構が定める技術基準に、住宅の断熱性・耐久性等が適合している必要がある

(表)土台用材

国産材ではヒノキのコストパフォーマンスが最もよいことがわかる

産地	樹種	価格	耐久性	防蟻性
外国産	ベイツガ注入	1(基準値)	K3、AQ2種相当	
	ベイヒバ	約1.5倍	強	強
国産	ヒノキ	約1.3倍	強	中
	青森ヒバ	約2.5倍	強	強
	クリ	約3.0倍	極強	中

注　価格はあくまで目安であり、参考の基準値である。価格、耐久性、防蟻性はベイツガを基準とし比較している

（写真1）ベイツガ

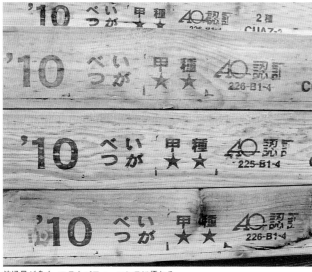

流通量が多く、コストパフォーマンスに優れる

（写真2）加圧注入を施された材

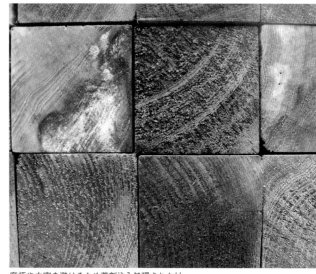

腐朽や虫害を避けるため薬剤注入処理された材

（写真3）クリ

土台としての信頼が高い高級材

（写真4）ヒノキ

耐久性に優れ、国産材が豊富なヒノキ

ヒノキを土台に使用した例

国産材でも最も利用しやすい材

ヒバを土台に使用した例

高価だが、耐久性・防蟻性は申し分ない

木材の基礎知識

構造材として用いる

エンジニアードウッド

造作材として用いる

適材適所な使い方

木材活用術

柱に適した材

一般に多いのはスギ。国産材が復権傾向にある

柱材に求められる性能

柱や束の材には、主として高い圧縮性能が求められる（乙種構造材）。これは、一定の圧縮性能さえあれば、どんな樹種でも柱になり得るということである。だが広葉樹の場合、捻れや割れなどが後から発生しやすく、そのことが柱を取り巻く造作材に影響を及ぼす。そのため、一般にはヒノキ、スギ、ヒバ、ベイツガなどの針葉樹が用いられる。

ただし、建物の構造や用途、和風か洋風かで適材は変わる。たとえば、純和風の真壁の部屋には、ヒノキの無節や秋田スギなどが重用される。また、床柱にはクリやクワ、クロカキ、サクラやエンジュなどさまざまな樹種が使用される。

スギが圧倒的に多い

現在、構造用として使われる国産材は、ほとんどがスギ、ヒノキ、アカマツである（写真）。なかでもスギは流通量の7割以上を占め、製材の柱はスギが圧倒的に多い（図1）。

ただし、大手ハウスメーカーやパワービルダーでは、構造用集成材を使うことが多い。特に、国産スギ構造用集成材または輸入材（主に欧州アカマツ、ホワイトウッド集成材）である。これは、金物工法への対応と同時に、製材の乾燥収縮による床鳴り、クロス切れなどのクレームを削減したいためでもある。

国産材に復権の兆し

近年、北洋材の輸出税率の引き上げや円安により、輸入材の価格は上昇していた。その一方、CO_2削減を目的に、国産材の利用を促進する補助金が出されたことで、国産材の価格は下落。そのため、輸入材の割合が減少し、国産材の供給が高まる傾向にあった（表1）。ただし、2009年に住宅着工件数が大きく落ち込んだことで、国産材の供給量は前年に比べて6％程度減少している（図2・表2）。

柱材の価格は、産地、仕入れ先などによりばらつきがある。和室などに用いる役柱は、樹種・等級などによって驚くほどの価格差がある。

● 北洋材
ロシアのシベリア地方で産出され輸出される木材

（図1）国産材の樹種別素材供給量の推移

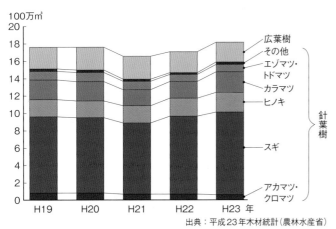

100万㎥

広葉樹その他
エゾマツ・トドマツ
カラマツ
ヒノキ
スギ
アカマツ・クロマツ
針葉樹

出典：平成23年木材統計（農林水産省）

（表1）木材製品輸入量の推移

単位：1,000㎥

年次	製材品	合板	木材チップ（1,000t）
H19	7,354	3,430	14,337
H20	6,522	3,063	14,722
H21	5,569	2,460	10,478
H22	6,415	2,654	12,118
H23	6,844	3,103	11,787

出典：平成23年木材統計（農林水産省）／財務省「貿易統計」より

（図2）素材供給量および国産材供給割合の推移

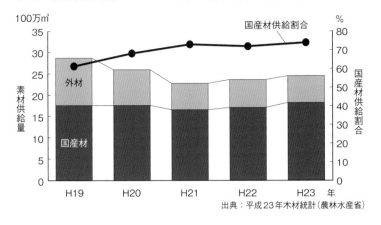

出典：平成23年木材統計（農林水産省）

（表2）新設住宅着工数の推移

単位：1,000戸

年次	合計	木造住宅	非木造住宅
H19	1,061	505	556
H20	1,083	517	577
H21	788	430	358
H22	813	460	353
H23	834	465	369

出典：平成23年木材統計（農林水産省）／国土交通省「住宅着工統計」より

（写真）柱に適した材の例

スギ
軟らかく、加工性に富む（p.42参照）

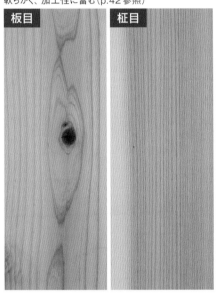

板目　　柾目

ヒノキ
強度、耐久性、加工性のすべてに優れる（p.44参照）

板目　　柾目

アカマツ
国産材でトップクラスの硬さをもつ（p.48参照）

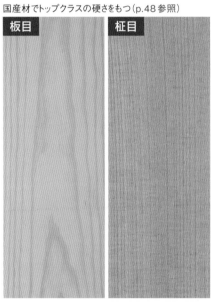

板目　　柾目

スギを柱に使用した例

ヒノキを柱に使用した例

木材の基礎知識

構造材として用いる

エンジニアードウッド

造作材として用いる

適材適所な使い方

木材活用術

梁に適した材

梁材は強度が重視される。一般にベイマツが多く使われる

梁に求められる性能

梁は横使いされる構造材で、JASでは、高い曲げ性能が求められる甲種構造材IIに区分されている。

土台や柱は材幅・材せいともに105mmまたは120mmが一般的だが、梁の場合、支点間距離とその上に載る荷重(積載荷重や屋根荷重・積雪荷重など)によって材せいの寸法が大きく異なる。さらに、樹種による強度の違いが大きいため、ほかの構造材に比べ、曲げヤング係数およびせん断強度が重視される(表1)。

梁せい390mm以上は注意

梁材は強度が第1のポイントになるが、設計によっては化粧で梁を露す場合がある。また、どうしても柱を入れたくない、大空間を取りたい、などの要望が出てくることもある。梁の材せいは、そうしたさまざまな条件をクリアできるように決定する必要がある。

ただし、樹種によっては390mm以上の材せいが必要になる場合が想定される。390mm以上の梁を使えば、その分天井高が低くなる。そのまま天井高を確保しようとすると、各種斜線にかかり、プランの変更を余儀なくされることもある。

梁材の価格と流通

流通面・価格面も考慮に入れる必要がある。

たとえば、欧州アカマツ構造用集成材(以下、EW)は、材の長さや材せいによらず立方単価は一定である。しかしムクの製材品は、材が長いほど、また材せいが大きくなるほど流通量が少なく、立方単価は右上がりになる。したがって、横架材を架構から考え、ムク材の梁せいを決定する際は、一般に流通しているか、高価にならないかを考慮する必要がある。

現在、一般にはベイマツが価格性能比で一番優れているといわれる。国産材ではスギが多く用いられているが、ベイマツに比べやや強度が落ちるのが弱点である。なお、小屋梁材などには、アカマツなどの丸太梁も使用される。

● せん断強度
材がせん断するときの最大のせん断応力度

(表1)針葉樹の構造用製材(目視等級区分製材・甲種構造材)の強度性能

梁材については、ヤング係数及びせん断強度が重視される。表より、せん断強度Fsについては、ベイマツ>カラマツ>スギ・エゾマツ・トドマツの順に強度があることが読み取れる。また、ヤング係数E₁については、ベイマツ>エゾマツ・トドマツ>カラマツ>スギの順で強度が高いことが読み取れる。
一般的に用いられるスギのヤング係数は、ベイマツの6割弱として読み取れる

樹種	等級	基準材料強度(N/mm²)				基準弾性係数(kN/mm²)		
		F_c	F_t	F_b	F_s	E_1	$E_{0.05}$	G_0
ベイマツ	1級	27.0	20.4	34.2	2.4	12.0	8.5	E₀の値の 1/15
	2級	18.0	13.8	22.8				
	3級	13.8	10.8	17.4				
カラマツ	1級	23.4	18.0	29.4	2.1	9.5	6	
	2級	20.4	15.6	25.8				
	3級	18.6	13.8	23.4				
エゾマツ トドマツ	1級	27.0	20.4	34.2	1.8	10.0	7.5	
	2級	22.8	17.4	23.2				
	3級	13.8	10.8	17.4				
スギ	1級	21.6	16.2	27.0	1.8	7.0	4.5	
	2級	20.4	15.6	25.8				
	3級	18.0	13.8	22.2				

Fc:圧縮強度　Ft:引張強度　Fb:曲げ強度　Fs:せん断強度　E₁,E₀.₀₅:ヤング係数　G₀:せん断弾性係数

梁に適した材の例

スギ
柔軟性・加工性に優れ、入手もしやすい（p.42参照）

カラマツ
曲げ強度が高く梁には最適。資源量も豊富である（p.46参照）

トドマツ
防蟻性は低いが、曲げ強度・加工性に優れる（p.48参照）

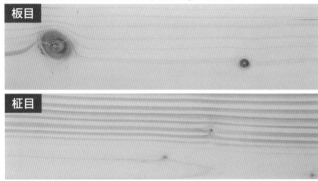

アカマツ
国産材は流通量が少ないが、梁として強度はトップクラス（p.86参照）

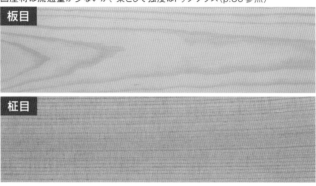

スギを梁に使用した例

梁のほか柱にもスギを使用。スギは特有の香りをもち、消臭効果も高いといわれる

アカマツを梁に使用した例

欧州アカマツのエンジニアードウッドを梁に使用

設計：野口泰司建築工房

木材の基礎知識

構造材として用いる

エンジニアードウッド

造作材として用いる

適材適所な使い方

木材活用術

下地に適した材

下地材に使用されるのは、特1等材（並材）が大半を占める。合板の普及で減少する材もある

野物としての下地材

下地材は野物とも呼ばれ、仕上げとして用いない部材を総称する。仕上材と区別され、特1等材（並材）が大半を占める。おおむね規格寸法に製材されて流通しているため、規格寸法を用いると、安価な材を手早く入手できる（表）。

下地材には、乾燥材（KD材）と生材（グリーン材）がある。仕上がりの善し悪しは、下地材の精度によるところが大きいので、乾燥収縮による材の変形を考慮して選定し、使用する（写真）。

代表的な下地材

下地材選定時の注意点、推奨樹種は以下のとおりである。

根太 床の強度や床下の湿気、シロアリ対策などを考慮して選定する。ヒノキ、ベイツガ、ベイマツ、欧州アカマツなどがよい。なお、断面寸法は負担荷重と床梁間隔、根太間隔で決める。

根太掛け 根太同様の要件で選ぶ。ヒノキ、ベイツガ、ベイマツがよい。

床、荒板 もともと畳の下地板として用いられていたが、近年は合板の普及により使用が少なくなった。一般的にはスギが使われる。

間柱、窓台 外壁の防腐、防蟻を考えた選定をする。ヒノキ、スギ、ベイマツなどがよい。

胴縁 胴縁にはスギが用いられる。

貫 真壁造にはスギが使われていたが、今はほとんど用いられない。

木ずり板（ラス板） 外壁のラス下地の板張り。スギが用いられる。

野縁 天井下地組材で、30×40㎜の材が汎用性が高い。欧州アカマツ、ヒノキがよい。

垂木 もともとは化粧材だったが、軒天井を張るようになったことで、下地材としても扱われるようになった。断面は母屋などのスパンによって決まる。ヒノキ、ベイツガ、ベイマツなどを用いる。

野地板 床の荒板と同様、合板の普及とともにあまり用いられなくなった。スギがよく使われる。

● 乾燥材（KD材）
乾燥機を用いて人工的に乾燥させ、含水率を下げた材

● 生材（グリーン材）
未乾燥材。丸太から製材されて間もない材

（表）下地材の代表的な規格寸法

下地材	規格寸法（mm）
根太	36×45、45×60、45×90、45×105
根太掛け	30×90、30×105、45×105
床・荒板	15×150
間柱・窓台	30×90、30×105、45×90、45×105
胴縁	15×45
貫	15×90
あらし（ラス板）	11×85
野縁	30×40、36×45
垂木	36×45、45×60、45×90、45×105
野地板	12×180

天井の下地組

（写真）下地材の施工例

下地材は乾燥収縮による材の変形を考慮して樹種などを選択する必要がある

天井を張るための野縁施工

アスファルトルーフィングの上に桟打ちをした様子

垂木掛け施工

木材の基礎知識

構造材として用いる

エンジニアードウッド

造作材として用いる

適材適所な使い方

木材活用術

外壁に適した材

外壁材は防水、防火、防腐など建築物の耐久性に多くの役割を担う。
不燃木材の登場で選択肢が広がる

外壁用木材の防水対策

木のもつ性質は多種多様で、建築材料としては一見やっかいに思えるが、使い方を吟味すれば非常に優れた材料となる。調湿性、加工性に優れ、コスト、流通の面でもメリットが大きい。また、いわゆる新建材と違い、有機的な性質がもたらす経年変化を楽しむこともできる。

外壁に使用する際は、防水面が最も気がかりだが、これは極力雨掛かりを防ぐことがポイントになる。具体的には、軒を出した屋根形状が有効になる。軒を出し雨掛かりを軽減させることにより、多くの材種選択が可能になる（図）。外壁に適した材としては、一般にヒノキやヒバなどが筆頭にあげられるが、北米材のベイスギやベイヒバなどもよい。国産材に比べ比較的安価で耐久性にも優れている。耐久性はやや劣るが、地場産材（スギやカラマツなど）も気候風土に根ざした材料として魅力がある。運搬などの環境面でも省エネルギー化につながる。

難燃性のある木材

防火面では、昨今は不燃木材が各メーカーより数多く販売されている。これにより、首都圏など準防火地域や延焼の恐れのある部分でも、外壁に木を使用できるようになってきた（写真）。

また、ある程度の厚みを確保すれば化学的な処理をしないでも外壁材としてそのまま使用できることが実証されている（40㎜程度燃焼すると炭化層ができ、それ以上燃えにくくなる）。今後はより一層外壁に木材を利用できる機会が増えると考えられる。

防腐面での注意点

防水性能と重複するが、防腐面では、とにかく木を濡らさないこと、そして濡れても水切れがよく乾きやすい状態にすることが重要である。木が腐る要因は、水分、酸素、そして腐朽菌が活性化する温度である。防腐面でも使用個所を吟味し、水に強い材種を選択することが重要になる。

- 準防火地域
都市計画で指定される、火災防止のために比較的厳しい建築制限が行われる地域。主に商業地域、近隣商業地域で木造建築物が密集した市街地などを指定している

- 延焼の恐れのある部分
隣地境界線、道路中心線または同一敷地内の建築物相互の外壁間の中心線から、1階にあっては3m以下、2階以上にあっては5m以下の距離にある建築物の部分。隣接した建物から火災が発生した場合、延焼する可能性の高い部分のこと

（図）軒の役割

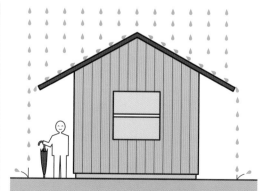

軒を出した屋根形状にすることで雨掛かりを軽減できる。これにより、外壁に使用した木材の耐久性を上げることができる
設計：ジーファクトリー建築設計事務所　渡辺ガク

（写真）外壁に木を使用した例

不燃木材の登場で、外壁に木を使用する例が見られるようになってきた。準防火地域や延焼の恐れのある部分でも、下地に防火認定材（ダイライトなど）を下張りすれば、仕上げに木を張ることも可能なケースがある。ただし、各自治体によって解釈や取扱いが異なる場合があるため、使用に当たっては事前に各自治体の受付先の担当者と協議する必要がある

経年による変化を味わい深く楽しめるのも木製外壁のよさである
設計：ジーファクトリー建築設計事務所　渡辺ガク

外壁に木を使用した木造2階建て
設計：ジーファクトリー建築設計事務所　渡辺ガク

国土交通大臣の認定を受けたものであれば、木製サッシなども使用できる
設計：横内敏人建築設計事務所

3階建ての外壁に不燃木材を使用した例

木材の基礎知識

構造材として用いる

エンジニアードウッド

造作材として用いる

適材適所な使い方

木材活用術

デッキに適した材

デッキにはクリとヒバが最適。
国産材、外材を問わず、使用条件を十分に考慮する必要がある

耐久性が最大要件

デッキ材の必要条件は、耐久性が高いことである。材が腐って足を踏み抜いてしまうような事態だけは避けなければならない（写真1、p.128写真2）。

耐候性が高くデッキ材に最適な国産材はクリとヒバで、次にカラマツ、ヒノキ、スギの赤身と続く（図）。外材ではセランガンバツ、ウリン、イペ、レッドシダーなどが多用される。ほかに、防腐注入材もある。

それぞれの利点と欠点

デッキ材として用いられる各木材の利点と欠点は以下のとおりである。

【クリ】

利点：耐久性、耐候性に優れている。

欠点：無塗装で使用した場合、雨にあたると茶黒いシミ（タンニン）が出る。

【ヒバ】

利点：淡黄色のため、雨による目立ったシミはできない。

欠点：材料単価がほかの材より高め。

【カラマツ】

利点：安価である。

欠点：反りや割れが出やすい。

【ヒノキ】

利点：材の入手が容易である。

欠点：淡黄色のため、辺材（白太）が多く入っていても見分けにくい。

【スギ】

利点：安価である。

欠点：やわらかいため、摩耗が早い。

【セランガンバツ・イペ・ウリン】

利点：耐摩耗性、耐久性、耐候性が高い。雨にあたると赤黒い樹液を出すが、表面には目立たない。

欠点：雨にあたると、樹液がコンクリートなどを汚す。また、かたいトゲが経年変化とともに出てくるため、定期的なメンテナンスが必要となる。

【レッドシダー】

利点：安価である。

欠点：やわらかいため、摩耗が早い。

【防腐注入材】

利点：メーカーの保証が付く。

欠点：防腐剤の浸透が表面から3～5mm程度のため、削ると効果がなくなる。

（図）耐候性の比較

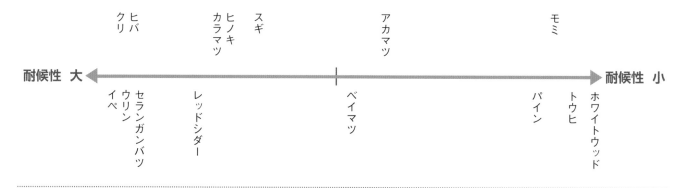

耐候性 大 ← → 耐候性 小

クリ、ヒバ、ヒノキ、カラマツ、スギ、アカマツ、モミ

イペ、ウリン、セランガンバツ、レッドシダー、ベイマツ、パイン、ホワイトウッド、トウヒ

（写真1）デッキ材に使用される樹種

ヒノキ：耐温、耐久性に優れ、加工性もよい

クリ：硬く耐候性もあるため最もデッキ材に適している

ベイヒバ：耐湿性、耐久性のある外国産のヒノキ科の樹種

木材の基礎知識

構造材として用いる

エンジニアードウッド

造作材として用いる

適材適所な使い方

木材活用術

（写真2）さまざまな材を使用したデッキの例

老朽化したデッキをヒバを使って張り替えた例。雨によるしみができにくい

縁側としての使用目的を考慮し、耐候性、耐久性に優れた材を使用した。ここではクリを使っている

耐摩耗性・耐候性の高いセランガンバツを使用したデッキの例

安価な価格が魅力のレッドシダーを使用したバルコニーの例

ヒノキを使用したデッキの例

内装に適した材

内装仕上材の主流は針葉樹材。
特に、スギ、ヒノキ、ヒバが代表的な三大素材である

木材の基礎知識

構造材として用いる

エンジニアードウッド

造作材として用いる

適材適所な使い方

木材活用術

床壁材に適しているスギ

スギの特徴は軽くてやわらかいことである。軽いということは、たくさんの水分や温度を吸収しやすいことを意味する。その特徴から、リビングや寝室・子供部屋・押入などさまざまな個所で使用されている（p.131写真1）。やわらかさ＝クッション性は、床材などに使用した際に、その本領を発揮する。ただし、やわらかいということは、傷がつきやすいという欠点も併せもつため、事前の注意が必要だ。

なお、同じスギでも白い部分「辺材」は、水分に対する耐久性が低いため、水廻りでの使用にはあまり適さない。

内装材以外にも適すヒノキ

ヒノキは、スギに比べると重くて硬く、白いという特徴をもち、昔から高級材として使われてきた。城郭建築はもとより、神社仏閣にも多用されていることから、その耐久性は実証されている。ヒノキだからこそ、何百年もの歳月に耐えることができたと考えられる建物も多い。

ヒノキは香りがよく、気持ちを落ち着かせる効果に優れているといわれる。そのため、リビングなどの落ち着いた空間で床材として使われる。

また、内装材はもとより、土台や大引、柱などの重要な部分にも使われ、シロアリにも強い。スギでは少し心配なキッチンや洗面所、トイレなどの水廻りにも適した材である（p.131写真2・3）。

水廻りに強いヒバ

浴室の天井・腰板や洗面所など、水廻りに適していると考えられるのがヒバである（p.131写真4）。ヒバの特徴は虫害や木材腐朽菌に強いことで、特にシロアリに対する強さはほかに類を見ない。これはヒノキチオールという成分によるもので、強力な殺菌・抗菌作用、炎症を鎮める優れた消炎作用、強い皮膚浸透作用がある。シロアリやカビはこのヒノキチオールを嫌う。

● ヒノキチオール
ヒバやスギ、タイワンヒノキなどに含まれる芳香族化合物。抗菌・防虫効果に優れる。日本のヒノキにはあまり含まれない

内装仕上材に利用される樹種

場所	樹材	特徴
リビング	ヒノキ、スギ	落ち着いた室間
押入	スギ、キリ	調湿機能
水廻り	ヒノキ、サワラ、ヒバ	腐りにくい
個室	スギ、ヒノキ、サワラ	断熱効果に優れている

スギ板を用いた収納部の建具　　　　　　　　　設計：マツザワ設計　松澤静男

壁・天井材の主な樹種

スギ（節あり）の一例：心材の赤っぽい部分を含んだもの

スギ（節なし）の一例：辺材の白っぽい部分。白太ともいう

ヒノキ（節あり）の一例：節が多いと強い印象を与える空間になる

サワラの一例：耐水性・耐湿性に優れ、水廻りにも使用される

ホワイトウッドの一例：清潔感のある白木。耐水性は弱く水廻りには不向き

ヒバの一例：耐久性・耐湿性に優れ、独特の香りがある

ヒノキ（ヒノキ無節）の一例：揮発性の香りがあり、水廻りの利用も多い

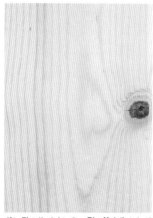

ポンデロサパインの一例：節を生かしてカントリー調のデザインに合う

マツの一例：あたたかい色合い。はっきりとした力強い木目が特徴

キリの一例：軽くてやわらかく、断熱保温効果に優れる

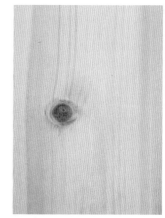

シルバーパインの一例：経年で赤っぽいあめ色になる。ヒノキに似ている

アユースの一例：キリに似た軽い材質。淡色で節が少ない

アスペンの一例：軽くてやわらかで、白く落ち着いた木目

ウェスタンレッドシーダーの一例：部位ごとに色の差が大きい。耐久性が高い

スプルースの一例：白〜淡い黄色の色合いで、落ち着いた木目

（写真１）スギを内装材に使用した例

スギは保湿性がありやわらかく、さまざまな場所に使われる　　設計：野口泰司建築工房

（写真２）ヒノキをキッチンの床に使用した例

水や虫害に強いヒノキの特性を生かしている

（写真３）ヒノキをトイレに使用した例

床・壁・天井にヒノキを使用している　　　　　設計：U設計室　落合雄二

（写真４）ヒバを浴室の天井に使用した例

木材腐朽菌に強く、抗菌作用もあるヒバは、浴室の天井に適している

木材の基礎知識

構造材として用いる

エンジニアードウッド

造作材として用いる

適材適所な使い方

木材活用術

内部水廻りに適した材

**建物内部の水廻りは、水切れのよい納まりを考える。
換気、乾燥などによるメンテナンスが重要**

樹脂を多く含む樹種

水廻りの壁や天井には、樹脂を多く含み湿気に強い材を使う。国産材ではヒノキ、ヒバ、サワラ、スギ（赤身）、外材ではウエスタンレッドシダーなどである。節のある材は、水が貫通する隙間の有無を確認し、ある場合は埋め木やパテなどで処理をする。

水に負けない施工法

板を張る前は、湿気が漏れないように適切な防水、防湿処理を行う。そのうえで水切れのよい張り方とする。特に、板の木口は水が浸み込みやすく乾燥に時間がかかる。また、コーナー部やほかの部材と突き付ける個所、水洗金具やアクセサリーの取り付け個所も、水切れを考えた納まりとする必要がある。

浴室の床付近では、木材の利用は避け、タイルや石張り、ハーフユニットバスなどを使用するのが望ましい。木を使用したい場合は、スノコ状にしていつでも交換できるようにしておきたい。

木材に撥水処理を施す場合は、木材用の撥水剤やオイルなど、表面に塗膜のできないものを使用する。必ず屋内用のものとし、F☆☆☆☆など人体に安全なものを使用する（写真1）。

換気・メンテナンスの方法

浴室の壁や天井などに木材を使用する際は、濡れた木材を乾燥させる換気の工夫が不可欠である。換気窓の設置や浴室乾燥機の使用などである。ただし、浴室乾燥機などを使用する場合は、あまり高温にすると板に割れや曲がりが生じやすくなるので、温度には注意する。理想は、軽く水気を払って換気する程度である（写真2）。

使用後、木材を乾燥させる際は、石鹸、トリートメントなどが残留しているとカビの原因になるので、きれいに洗い流すこともメンテナンスの重要事項となる。

使用環境にもよるが、長期的なメンテナンスとしては、1年に1度程度、撥水材などの塗装を行うとよい。

● ハーフユニットバス
浴室空間全体ではなく、浴槽より低い部分を提供するバスユニット。浴槽より上の壁や天井部分は自由な材料を使うことができる

内部水廻りに適した材の例

スギ
加工性、調湿機能に優れる（p.82参照）

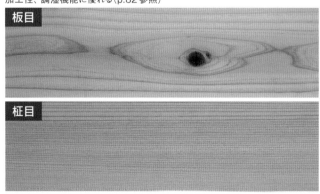

ヒノキ
狂いが少なく、耐湿・耐水性にも優れる（p.80参照）

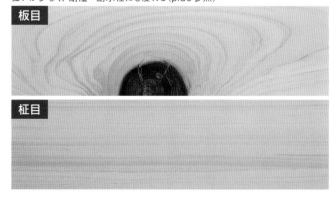

（写真1）リビングとキッチンの床に
　　　　クリを使用した例

キッチンとリビングの床材を統一し、連続させた空間に仕上げている。オイル仕上げで水や汚れへの抵抗力を付与する

スギを水屋に使用した例

茶室の水屋の腰板にスギを使用　　　　　　設計：川口通正建築研究所

（写真2）ヒノキを浴室の壁に使用した例

材の保湿性、保水性などを考え、過乾燥にならないよう、換気に十分な注意が必要となる
設計：U設計室　落合雄二

トイレの床・壁にサワラを使用した例

サワラはヒノキに似ているが、ヒノキと比べるとやわらかく軽い。サワラに含まれているサワラニンという物質がさわやかな香りを漂わせる
設計：野口泰司建築工房

ヒバ
心材の割合が多く、耐湿・耐水性が非常に高い（p.84参照）

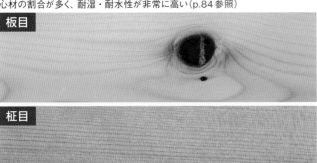

レッドシダー
耐朽性が高く、腐りにくい（p.94参照）

木材の基礎知識

構造材として用いる

エンジニアードウッド

造作材として用いる

適材適所な使い方

木材活用術

床に適した材

床材には6つのタイプがあり、生活環境に応じた選択が重要。
施工は晴れた日に行いたい

床材の種類は6つ

木質系の床材には、以下の6種類がある。

ムクフローリング　製材→乾燥→加工という工程で、1本の木からつくられる床材のこと(写真1、p.136写真8)。

積層フローリング　板材を2層、3層、4層に積み重ね、表面に薄い単板を張る床材のこと(写真2)。

集成フローリング　集成材を床材にしたもの(写真3)。

パーケットフローリング　木片状の木を組み合わせ、正方形または方形のタイル状に加工した床材のこと(写真4・7)。

複合フローリング　表面に薄い単板または突き板を張ったもので、基材が合板もしくは集成材の床材のこと(写真5、p.137写真9)。

圧密フローリング　ムク板を熱ローラーで加熱圧縮した床材のこと(写真6)。

床材の選び方

床材は、使用される場所、デザイン、建築主の好み、生活スタイルに応じて選ぶ。洋風、和風、水廻りか否か、床暖房の使用の有無などで選択肢は異なる。そこで、樹種による堅さの違い(図)、個体差を事前に正確に把握しておく必要がある。なお、耐摩耗性が向上するような塗装で仕上げれば、やわらかい木でも堅くなることを覚えておきたい。

床材の施工方法(ムク材の場合)

施工は、晴れ・湿度50%前後の日を選び、窓を閉めて行うとよい。雨天では湿気で板が膨らみ、後日、隙間が発生してしまうからである。

施工時は、まず運び込まれた床材を仮並べし、張り上がりの様子を確認する。次に、壁から少し間を開けて張り始める(住宅では5〜10㎜程度)。また、広葉樹を使う場合は、板と板の間は強く当てずに張り、針葉樹は板と板の間を詰めて張る。なお、自然塗料などで着色仕上げする場合は、雄実に塗装してから張る。それにより、乾燥時期に板と板の間が空いても目立たなくなる。

● 雄実
床材を本実加工する際の、ジョイント部の出っ張り部分を雄実、切りしゃくった部分を雌実という

(図)樹種による硬さの違い

| 硬い | | | | | | | | | | | | | | | | | | | | やわらかい |

アサダ / カリン / ケヤキ / イタヤカエデ / マカバ / ミズナラ / ブナ　　ヤマザクラ　タモ　クリ　　アカマツ / チーク / ミズキ / カラマツ / オニグルミ　ホオノキ　トドマツ / ヒバ / ヒノキ　　サワラ　スギ　　キリ

硬い　←　　　　　　　　　　　　　　　　　　→　やわらかい

（写真１）ムクフローリング

木本来の美しさを表現できる

（写真２）積層フローリング

均質で表面が滑らか。耐久性がある

（写真３）集成フローリング

耐久性、対摩耗性に優れている

（写真４）パーケットフローリング

表面がコーティングされ、耐水性に優れる

（写真５）複合フローリング

反りや収縮などの狂いが少ない

（写真６）圧密フローリング

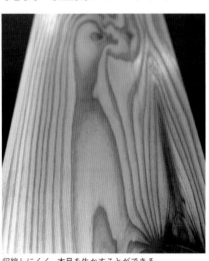

収縮しにくく、木目を生かすことができる

（写真７）パーケットフローリングの例

市松貼り　柾目

市松貼り　板目

矢羽根貼り

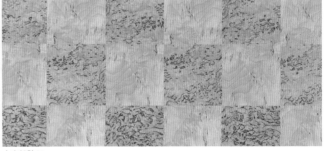

小市松貼り

木材の基礎知識

構造材として用いる

エンジニアードウッド

造作材として用いる

適材適所な使い方

木材活用術

（写真8）ムクフローリングの主な樹種

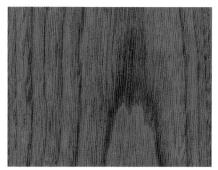

くるみ（ウォルナット）の一例：黒っぽい色目の高級フローリング

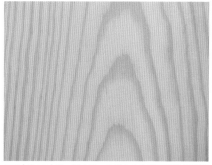

マツ（パイン）の一例：はっきりした木目で変化に富む表情

カリンの一例：赤みのある力強い表情が特徴

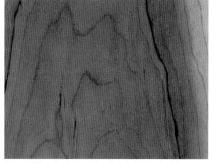

サクラ（チェリー）の一例：赤みを帯びたものから白いものまである

チークの一例：やや黄味を帯びた色味。時を経ると赤っぽくなる

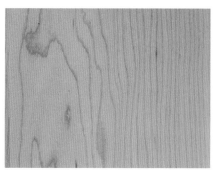

メープルの一例：光沢があり波状の杢などがでることもある

バーチの一例：北米産のカバ（広葉樹）系。北欧の家具にもよく用いられる

キリの一例：やわらかいので足腰への負担が少なく、保温性に優れている

オークの一例：ナラと似た種類で、ヨーロッパ産のものはやや硬め

ナラの一例：硬くはっきりした木目で、北海道産のものが有名

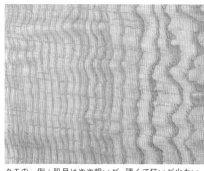

タモの一例：肌目はやや粗いが、硬くて狂いが少ない

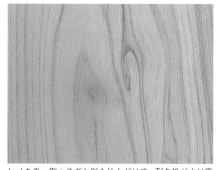

ヒノキの一例：スギと似た仕上がりで、耐久性がより高く、香りがよい

スギの一例：やわらかく軽い。赤味、白太、節など表情が豊か

アサダの一例：硬く、非常に強度がある材

クリの一例：耐朽性、耐久性に優れている

（写真９）各種複合フローリング

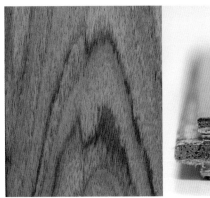

複合フローリング チーク　パネルタイプ　12mm厚
断面：表面0.3mm＋シート0.5mm＋基材11.2mm

複合フローリング メープル　防音タイプ 15mm厚
断面：表面1.8mm＋基材11.4mm＋樹脂マット1.8mm

三層フローリング ブラックチェリー　13mm厚
断面：表面3mm＋基材8mm＋2mm

三層フローリング オーク　15mm厚
断面：表面3.5mm＋基材7.5mm＋4mm

ムクフローリングの使用例

カラマツを床に使用した例

ヒバを床に使用した例

複合フローリングの使用例

色と照りが美しいブビンガの複合フローリングを張った床

積層フローリングの使用例

ブラックチェリーの幅広材を用いたもの

木材の基礎知識

構造材として用いる

エンジニアードウッド

造作材として用いる

適材適所な使い方

木材活用術

枠に適した材

外部、水廻りには防水、防腐、防蟻性能が求められる。 内部枠材は、木目と耐久性で選ぶ

外部、水廻りに適した材

　一般に「枠材」というときは、建具の枠材をさす。建具には、外部や水廻り用と内部用とがあるが、用途に応じて使われる材種には多少の違いがある。

　外部や水廻りの枠材は建具の材種に左右されるが、基本的には雨掛かりや風雪に耐えられるものを選ぶ。すなわち、防水、防腐、防蟻に優れているものである。

　また、変形や変質、ひび割れなどを防ぐため、防水、防腐に優れた塗料を定期的に塗布する必要がある。さらに敷居や鴨居には、木材保護のために、銅板やガルバリウム鋼板を巻くこともある。

　外部、水廻りに適する樹種を針葉樹と広葉樹に分けると以下のとおり。状況に応じ、材種の特徴を生かした選定をしたい（表1）。

外部・水廻り

[針葉樹]ヒノキ、ヒバ、サワラ、ベイヒバ、
　　　　ベイスギなど
[広葉樹]ケヤキ、クリ、チークなど

内部建具に適した材

　日本古来の真壁における内法材は、柱、梁の材種をもとに選択されることが多い。敷居にはヒノキ、アカマツ、ツガ、鴨居にはヒノキ、アカマツ、ツガ、スギが多く用いられている。

　一方、内部大壁の枠材は多種多様である。一般には、材種の性質はもちろんだが、木目の美しさや耐久性によって選択されることが多い。

　内部建具用枠材も、針葉樹、広葉樹に分かれるが、耐久性が要求される敷居には、堅い樹種が選択される。また、竪枠や鴨居には加工性に優れた樹種が選択される。いずれにしろ、材を選ぶ際には、外部枠材同様、材種の性質を十分に考慮した選択が必要になる（表2）。

内部建具用枠材

[針葉樹]アカマツ、ツガ、ヒノキなど
[広葉樹]タモ、ミズナラ、オークなど

竪枠・鴨居

[針葉樹]スプルース、ベイツガなど
[広葉樹]ラワンなど

● 内法材
敷居上端から鴨居下端までにある、敷居、鴨居や長押などに用いる材料

（表1）外部・水廻り用枠材の特徴

樹種		特　　　徴
針葉樹	ヒノキ	材は緻密、均質で加工性に優れ、内外ともに使用される
	ヒバ	材は緻密、均質で耐水・耐湿に優れている
	サワラ	ヒノキに似ている。耐水・耐湿に優れるが、やわらかい
	ベイヒバ	材は緻密。木目が密で均一。耐水・耐湿に優れる
	ベイスギ	材は緻密でやわらかく、加工性がよい。耐水・耐湿に優れ、狂いも少ない
広葉樹	ケヤキ	板目が美しいが、材質は強靭で耐水・耐湿に優れる
	クリ	材は重厚で耐久・耐朽性に優れる
	チーク	銘木高級材で耐久・耐朽・耐虫害性に非常に優れる

木材の基礎知識

構造材として用いる

エンジニアードウッド

造作材として用いる

適材適所な使い方

木材活用術

（表2）内部建具用枠材の特徴

用途		樹種	特徴
敷居	針葉樹	アカマツ	脂化が多く、粘り強く耐久性に富み、加工が容易である
		ツガ	材質は緻密。耐朽性がある
		ヒノキ	耐水・耐湿性に優れ、加工性がよい
	広葉樹	タモ	重厚で靭性・弾力性に富んでいる
		ホワイトアッシュ	タモと同様であるが、耐水・耐湿性に劣る
		ミズナラ	重厚で加工は困難。硬くて割れやすい
		オーク	ミズナラに近い。加工性は比較的よい
竪枠・鴨居	針葉樹	スプルース	材は軽軟で緻密。加工性に優れ、無臭である
		ベイツガ	材は光沢がある。加工性に優れ、無臭である
		ウンスギ	材は軽軟で耐久性、強度は落ちる。加工性はよいが、割れやすい。マツ科であるが、樹脂は少ない
		ヒノキ	特有の光沢があり、狂いが少ない
		アカマツ	耐久性に富み、加工性がよい
		スギ	材は軽軟で、加工性に優れている
	広葉樹	ラワン	一時期、伐採規制が行われたため、入手しづらくなっている

枠に適した材の例

アカマツ
硬く、耐久性に優れる。保湿性も高い（p.86参照）

ツガ
木目が緻密で硬い高級材（p.92参照）

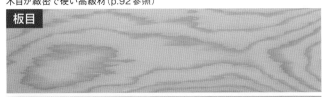

ヒノキ
耐湿・耐水性に優れるので、外部や水廻りにも使える（p.80参照）

タモ
弾性が高く、加工性もよい（p.104参照）

ミズナラ
硬く加工しにくいが、耐久性は高い（p.102参照）

オーク
重硬で、強靭。耐久性が高く加工性にも優れる

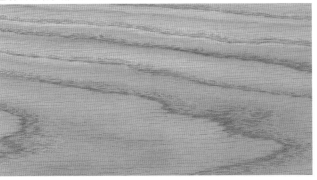

枠材の施工例

ベイヒバを使用した浴室ドア枠

玄関ドア枠にベイマツを使用した例

内部障子枠、鴨居ともスギを使用

ベイヒバの外部木製建具枠とスギの内部障子枠

ベイツガを使用した障子枠

ブラインド枠にウンスギを使用した例

家具に適した材

家具材は色目と住空間とを考慮して選ぶ。
強度と粘りがあり、狂いの少ないものが最適

多いのは広葉樹

家具材となる天然木材には、針葉樹、広葉樹共に、耐久性だけでなく木目や色目が求められる（p.142写真）。

針葉樹のスギは、角材から板材までつくることができる、比較的安価な材である。古くから和家具の材料として重宝されてきた。パイン（マツ）も、比較的安価な材として用いられるが、国産のアカマツ、ヒノキは高級材で、家具材としての使用は少ない。

家具の材料として広く使われているのは、耐久性に優れる広葉樹のほうで、主に、メープル（カエデ）、キリ、タモ、ナラ、ビーチ（ブナ）、クリ、ケヤキ、サクラ、ウォルナットなどである。

なかでもキリは、タンスなどに使われる日本の伝統的家具材である。非常にやわらかく、調湿と熱伝導率に優れ、収納物を湿気と火事から守るとされる。

家具の適材

桐箪笥に代表されるタンスという家具は、江戸時代に広まった。それまでは、いわゆる家具というものはなく、奈良時代の正倉院にもあった漆塗りの箱がある程度だったとされる。日本に家具の概念が本格的に広まるのは、明治以降に西洋家具が入ってきてからである。

西洋家具には椅子や机、ベッドなど、人体系家具が多い。そのため、耐久性に優れた広葉樹が使われてきた。特にウォルナットは木目が美しい、加工性・着色性がよい、強度と粘りがありながら狂いが少ないなどの理由から好まれる。ことにアメリカで人気が高く、高級家具に利用されている。

国産の高級家具材もあるが、一般には、耐久性に優れ比較的安価に入手でき木目も悪くないナラ、タモ、ニレ、カバなどの人気が高い。また最近は、アジア家具の人気で、黒檀やローズウッドなどのチーク材も多く使われている。

● **人体系家具**
腰を下ろすための椅子やソファ、寝るためのベッドなど、人の身体を支えるための家具。物をのせて作業する机やカウンター、テーブルなどは準人体系家具という

● **ウォルナット**
木材としてのクルミの名称。日本のオニグルミや北米のブラックウォルナットもこの樹種の仲間

● **黒檀**
インド南部から、スリランカ原産の熱帯性常緑高木。銘木として古くから知られ、材質は緻密で重く、堅い。心材の部分が黒く、家具だけではなく仏壇や楽器などにも用いられる

● **ローズウッド**
紫檀ともいわれる。熱帯から亜熱帯に分布し、ブラジル産のものや東南アジア産のものなどがある。心材は紫色を帯びた暗褐色で、黒紫色の縞模様をもつ。磨くと光沢が出て、高級家具などに用いられる

家具材の木取りと木目の種類

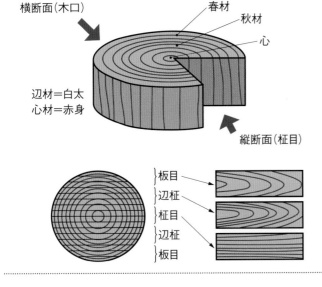

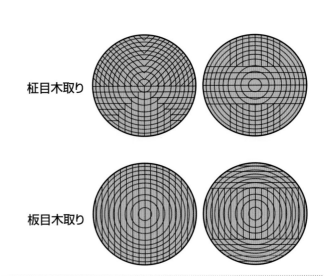

柾目木取り

板目木取り

木材の基礎知識

構造材として用いる

エンジニアードウッド

造作材として用いる

適材適所な使い方

木材活用術

（写真）家具に使われる樹種

ウォルナット

チーク

アルダー

メープル（カエデ）

ビーチ（ブナ）

キリ

タモ

オーク

パイン（マツ）

造作する家具の種類

箱もの

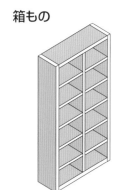

面状の材料を用いて
箱形状に造作し、建
物に取り付ける家具

一部置き家具

面状の材料を用いてつくるテー
ブルやベンチ、または持出しの
棚などを壁に固定する家具

固定家具

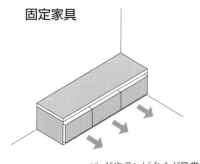

ベッドやテレビ台など日常
的に動かさない家具

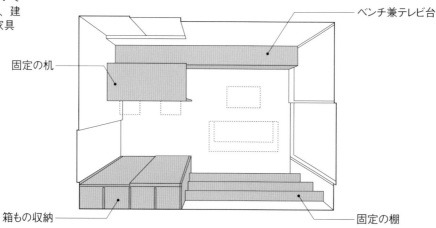

ベンチ兼テレビ台

固定の机

箱もの収納

固定の棚

造付け家具中心のプラ
ンは効率的な収納を期
待できる。設計者寄り
のインテリアとなる

家具の施工例

洗面室の収納棚 　　　　　　　　　設計：マツザワ設計　松澤静男

固定の吊り戸棚と箱もの収納家具 　　　　　　設計：川口通正建築研究所

寝室に置かれた収納付カウンター 　　　　設計：横内敏人建築設計事務所

通路に設けられた本棚 　　　　　　設計：テリトプラン 菊地理夫・邦子

キッチンカウンターと収納棚 　　　　設計：アトリエフルカワ 古川泰司

ダイニングセットと収納 　　　　　　設計：アトリエフルカワ 古川泰司

木材の基礎知識

構造材として用いる

エンジニアードウッド

造作材として用いる

適材適所な使い方

木材活用術

TVOCの影響

TVOC（総揮発性有機化合物）は、ムク材からも放出される。
木の家に「健康」を求める建築主には、十分な説明が必要

空気質汚染の主因

近年、住宅の高気密・高断熱化や、化学的に処理された建材の使用を背景に、室内の空気質汚染の主因となる化学物質が注目され始めた。

これに伴い、厚生労働省は特定する揮発性有機化合物（VOC）9種類の指針値と、特定できない総揮発性有機化合物（TVOC）の暫定値を示している（表）。

TVOC濃度と木の家

揮発性有機化合物は木材からも生じる。たとえば、純然ムクの木の家ではαピネン（マツ、ヒノキ、スギなど多くの針葉樹に含まれる）の濃度が高いなど、ムク材によりTVOC濃度が高くなる傾向がある（特にテルペン類［表のNo.26、27、28ほか］の濃度が高い）。ただし、その評価方法については、学術的にはまだ結論が出ていない。

また、濃度の定性分析で物質の種類を調べた結果、一般に物質数が増えれば、各物質の濃度を足し合わせたTVOC濃度も高くなる。つまり、揮発性有機化合物を多く含む木を使うほど、TVOC濃度が高まる。これらの諸問題があるため、厚生労働省では、TVOCの濃度については、暫定目標値としている。

また、TVOC濃度の測定は、検査機器が測定できる沸点の一定範囲内のすべてのVOCを対象とするため、結果として高い濃度を測定しがちになる。本来、TVOCの測定結果は、測定したVOCの数を明示しなければ、その総量の比較ができない。VOCの数が多ければ濃度は高くなり、少なければ濃度は低くなるからである。

評価方法も測定のあり方も明確ではないことから、「木の家」から放出されるTVOC濃度やアセトアルデヒドについては、医療の専門家でさえ認識を誤り、混乱しがちである。そのため、木の家に健康を期待する建築主に対応する際は、こうした点についても理解したうえで相談に乗るようにしたい。

● VOC
Volatile Organic Compoundsの頭文字をとったもの。常温常圧で、容易に揮発する揮発性有機化合物の総称。溶剤として広く使われている

● TVOC
Total Volatile Organic Compoundsの頭文字をとったもの。VOCの総量を示したもので、個々のVOCの量ではなく、その場に存在するVOC全体のトータル量を表す

● アセトアルデヒド
シックハウス症候群の原因物質の1つ。接着剤や防腐剤などに含まれる。飲酒や喫煙によっても体内に摂取される

VOCの濃度測定

空気質測定器を用いた室内のVOC測定風景

ムク材であってもVOCが放出され、室内全体のTVOC濃度が高くなる傾向がある

写真提供：（株）ユー建築工房

（表）TVOCとアセトアルデヒドが高い傾向を示す木の家の室内空気質濃度

特定する揮発性有機化合物は、№11、16、17、18、38、39、45、51、52の9種類である

室内空気質濃度の比較 (μg/m³)		入居日 測定日 入居日数 測定気温 測定温度 測定部屋	Aの家 2003.3.30 2003.8.10 約130日				Bの家 2007.6.1 2007.6.11 なし		Cの家 2007.2.1 2007.6.11 約130日	
			29℃ 74% 1階寝室	28℃ 77% 1階和室	31℃ 82% 2階西納戸	32℃ 81% 2階洋間	26℃ 71% 1階広間	26℃ 64% 2階寝室	25℃ 69% 1階寝室	27℃ 70% 2階広間
No.	物質名	厚生労働省の指針値								
1	ヘキサン		28.4	13	<0.5	<0.5	ND	24.8	ND	ND
2	2.4ジクロメチルペンタン		<0.5	<0.5	<0.5	<0.5	ND	ND	ND	ND
3	イソオクタン		1.1	<0.5	0.5	<0.5	1	1.3	ND	ND
4	ヘプタン		9.7	46.2	<0.5	3.1	7.9	0.9	4.5	4.3
5	オクタン		1.1	1.2	4.8	<0.5	33.3	37.1	9.1	12.1
6	ノナン		3.2	3.7	33.7	2	46.3	59.5	4.9	5.9
7	デカン		12.1	8.8	40.6	6.1	167.5	211.3	18.9	21.9
8	ウンデカン		13.1	10.6	30.2	6.4	119.3	142.2	12.4	13.7
9	ドデカン		10.7	12.7	21.3	5.9	25.1	35.1	3	2
10	トリデカン		2.1	1.6	11	3	4.4	7.9	1.3	1.4
11	テトラデカン	330	2.5	2	7.7	1.1	1.7	5.7	0.2	0.7
12	ペンタデカン		1.1	<0.5	1.5	<0.5	—	—	—	—
13	ヘキサデカン		0.7	<0.5	<0.5	<0.5	—	—	—	—
14	ベンゼン		0.5	<0.5	<0.5	11.1	1.4	1.5	1.2	1.1
15	トルエン		29.9	28.1	63	27.7	27.6	24.1	26.1	20.2
16	エチルベンゼン	3,800	3.1	7.5	6.6	3.8	4.6	4.3	3.1	3.6
17	キシレン	870	8.1	15.9	19.4	5.1	7.7	8.2	4.4	5.9
18	スチレン	220	9.6	5.1	11	2.8	17.6	11.5	4.3	3.2
19	m-エチルトルエン		<0.5	<0.5	<0.5	<0.5	20	17.6	3.5	4.6
20	p-エチルトルエン		1	1.2	5.3	0.5	8.4	7.1	1.6	2.2
21	1,3,5-トリメチルベンゼン		0.8	0.7	4.1	0.6	11.7	11.9	1.6	2.3
22	o-エチルトルエン		1.5	1.1	6.1	1.2	20	17.6	0.4	3.5
23	1,2,4-トリメチルベンゼン		5.9	4.8	18	4.6	43.7	39.5	6.6	8.9
24	1,2,3-トリメチルベンゼン		1.6	1.3	5.2	1.3	20.6	17.6	4.2	ND
25	1,2,4,5-テトラメチルベンゼン		<0.5	<0.5	1.1	<0.5	21.7	9.9	0.6	0.7
26	α-ピネン		117	180	295	431	253.5	235	230.5	240.5
27	β-ピネン		1.6	2	2.8	4.7	8.7	5.5	6.7	8.6
28	D-リモネン		8.1	8.8	7.7	11.6	99.3	90.7	78	83.2
29	ジクロロメタン		3	2.5	1.2	1	0.2	0.2	ND	0.2
30	クロロホルム		3.7	3.1	1.3	<0.5	5.9	6.6	0.3	0.5
31	1,1,1-トリクロロエタン		<0.5	<0.5	<0.5	<0.5	ND	ND	ND	ND
32	1,2-ジクロロエタン		<0.5	<0.5	<0.5	<0.5	0.2	0.2	ND	0.2
33	四塩化炭素		0.7	<0.5	<0.5	<0.5	0.4	0.4	0.4	0.4
34	トリクロロエチレン		0.7	0.9	0.7	<0.5	2.4	3	1.4	1.3
35	1,2-ジクロロプロパン		<0.5	<0.5	<0.5	<0.5	ND	ND	ND	ND
36	ブロモジクロロメタン		1.8	1.5	<0.5	1.1	ND	ND	ND	ND
37	ジブロモクロロメタン		<0.5	<0.5	<0.5	<0.5	0.2	0.2	0.2	ND
38	テトラクロロエチレン	240	<0.5	<0.5	<0.5	<0.5	0.6	0.7	1.2	0.6
39	p-ジクロロベンゼン	260	27.8	15.7	199	9.6	4.1	1.8	3.9	4.1
40	酢酸エチル		14.7	20.6	2	1.1	8.1	5.7	2.7	5.1
41	酢酸ブチル		9.5	17.2	3.2	1.7	38.6	17.3	1.3	3
42	アセトン		10.9	6.8	5.7	3.2	143	149	93	116
43	メチルエチルケトン		8.4	6.6	3.5	6.4	ND	ND	29.7	23.8
44	メチルイソブチルケトン		1.1	2.3	0.8	2.5	19	10.3	3.5	2.1
45	ノナナール	41	50.8	32.9	49.5	35.9	ND	ND	24.7	35.5
46	デカナール		10.1	8.5	13	9.2	ND	ND	ND	ND
47	エタノール		<0.5	<0.5	<0.5	<0.5	ND	ND	ND	ND
48	イソプロピルアルコール		<0.5	<0.5	<0.5	<0.5	ND	ND	ND	ND
49	1-プロパノール		<0.5	<0.5	<0.5	<0.5	ND	ND	ND	ND
50	1-ブタノール		3	2.5	0.9	2.5	6.5	13.5	11.8	11.7
	TVOC	400	3,480	3,380	5,430	3,850	1,040	1,078	513	542
51	ホルムアルデヒド	100	53.8	66.6	122	146	32	30	42	39
52	アセトアルデヒド	48	112	107	86.2	51.4	126	133	62	39

▨ は明らかに居住したことによって室内空気質濃度が高まっているものを示す
▨ は同じ入居日数の家を比べた場合に濃度が高い方を示す

注：A、B、Cの家は同じ仕様の木の家である。Aの家は民間測定会社のデータ、B、Cの家は新潟大・赤林研究室のデータとなる
注：入居している家で部屋の用途によりVOCの濃度が高まっているものもある。これは居住者が持ち込んだ日用品からの発散物質と考えられる。また、濃度が低くなっているものは建材からのものでベークアウトしたものと考えられる。なお、VOCは測定気温が高いほど濃度が高く出るので注意しなければならない

表面仕上げ

機械による表面仕上げには、ベルトサンダーと超仕上げカンナ盤がある。木目、材料の大小により使い分けが必要

表面仕上げの方法

塗装の下準備として、また木を美しく見せるうえでとても重要なことは、木材の表面を平滑に仕上げることである。

木材の代表的な表面仕上げとしては、サンダーがけ、超仕上げがあり、どちらも機械を用いて行う。

ベルトサンダーと超仕上げカンナ盤

サンダーがけは機械式サンダーで行う。代表的な機械式サンダーには、ベルトサンダーがある。台に固定された木材を、台の上にプーリーでつながれたベルトが回転または前後運動して仕上げていくもので、ベルトには研磨材が貼り付けられている。工場で使う大型のもの、持ち運びのできるポータブルサンダー（写真1）、さらに、簡単な研磨紙を貼り付けた手動のものがある。

超仕上げは、超仕上げカンナ盤（写真2）に

よって行う。カンナ盤の上に木材を送り出す回転ベルトがあり、下にカンナ刃が固定されている。回転ベルトに圧を加えながら木材を押し出し、手カンナを逆さにしたような形で切削する。削り抵抗（削りにくさ）は木材の硬さ（比重）に比例し、含水率は10％付近が削り抵抗のピークになる。

仕上げ別の用途

超仕上げカンナ盤は、木材に平行した繊維方向（通直木理）はきれいに仕上げやすいが、繊維が直交した（交走木理）木目は削りにくく、ざらついた仕上げになりやすい。そのため、家具などの大きな材料の仕上げには、木理に影響されにくいサンダー仕上げが用いられることが多い。

なお、仕上げ前の分決め（寸法決め）や荒仕上げには、自動カンナ（写真3）や自動多軸カンナ盤（モルダー。写真4）が用いられる。刃を回転させて削るため、仕上げ面が浅い波型になる。

- サンダーがけ
  低粒子のサンドペーパーで研磨して仕上げる加工法。塗装を施す際に向いている仕上げ

- 超仕上げ
  超カンナ仕上げともいい、木材に薄くカンナをかけて表面を平滑にし、木肌に光沢を出す仕上げ加工

- 機械式サンダー
  研磨剤を塗った紙または布を、回転や前後運動させることにより機械でサンダー仕上げを行うもの。研磨剤の粒度（番手）は数値の小さい番手のほうが荒く、大きくなるほどきれいな仕上げになる

- プーリー
  滑車のこと

- 通直木理
  繊維が樹幹や製材の軸と平行している木目

- 交走木理
  繊維が樹幹や製材の軸と平行しておらず、入り乱れている木目

（写真1）ポータブルサンダー

大型のサンダーではかけにくい部位に、補助的に使用する

（写真2）超仕上げカンナ盤

木材を送る速度調整ができるもの、自動的に往復切削ができるものなどがある

（写真3）自動カンナ

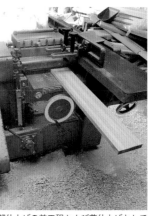

超仕上げの前工程および荒仕上げとして厚みを一定（分決め）にし、仕上げ面を平らにする

（写真4）4面モルダー

1工程で4面削りと成型加工ができる。木材の上下左右の面について正確な寸法決めをし、表面を滑らかに削る

防腐処理

木材の防腐処理は、加圧注入処理が一般的。
防腐処理で重要なのは、木材の薬剤浸透性である

表面処理と加圧注入処理

　木材の腐朽を遅らせる防腐処理には、さまざまな方法がある。大別すると、「表面処理（塗布・浸漬）」と「加圧注入処理」の2つであり、現在は、防腐効果や生産性の高い加圧注入処理が一般的である。

　表面処理には2つの方法がある。「塗布」は薬剤を材料の表面に直接塗り付けたり、噴霧器で吹き付ける方法で、施工現場で行う（図1）。「浸漬」は、薬剤を満たした槽に木材を漬け置きし、薬剤の浸透を図る。

　加圧注入処理は、専用の注薬管に木材を入れ、加圧することで木材に薬剤を充填していく方法で、施工現場に持ち込まれる前に処理される（図2）。

防腐剤のあり方

　防腐処理に使われる木材保存剤（防腐剤）には、油性（表面処理）と水性（加圧注入）がある。

　薬剤の選択にあたっては、製造時、使用時、廃棄時のいずれの段階においても、より安全で環境への影響の少ないものを選ぶ必要がある。特に近年は、環境や健康への関心が高くなっていることから、過去に使われていた薬剤でも、新しい基準や価値観に照らし合わせると適切でないものもあるので注意したい。

薬剤の浸透性を考える

　薬剤の選択と同様に大切なのが、保存処理する木材の性質である。保存処理する場合、木材の耐朽性よりも薬剤の浸透性が重要となる。浸透性は材種により大きな差があり、辺材のほうが心材よりも浸透性が高い（表）。

　木材の浸透性の難易は、常に通導の経路となる組織構造に影響される。柾目面や板目面などの繊維方向に沿った浸透性は、繊維方向に対して直角の方向（放射方向）からの場合に比べ、数十倍に達する（ただし、マツ属の辺材は、放射方向の浸透も容易である）。

● 通導組織
導管、仮導管、篩管など維管束植物において、水分・養分の通路となる組織

木材の基礎知識

構造材として用いる

エンジニアードウッド

造作材として用いる

適材適所な使い方

木材活用術

（図1）薬剤塗布により表面処理された木材

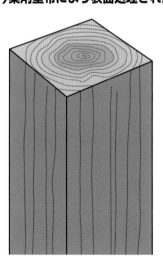

薬剤が内部にまで浸透していないため、表面に被害が及ぶと木材の強度が失われる

（図2）加圧処理注入された木材

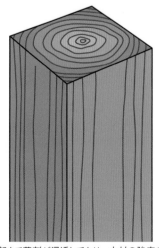

内部まで薬剤が浸透しており、木材の強度が保たれる

（表）木材の防腐剤浸透区分

浸透区分	樹　種
容易	ヒバ、イタヤカエデ
やや容易	スギ、アカマツ、クロマツ、ツガ、モミ
困難	ヒノキ、エゾマツ、トドマツ、ブナ
極めて困難	カラマツ、クスノキ、クリ、クヌギ

※表は心材の浸透区分（薬剤の浸透度合いの分類）である

シロアリによる被害

地球上にもっともたくさんいる昆虫の一種。
乾燥材を好んで食べる外来種も

シロアリとは

　木材の主成分・セルロースは、地球上でもっとも多く存在する炭水化物だが、多くの生き物にとって栄養的な価値が無い。だから木材は長持ちする。しかしシロアリは、腸内に原生生物を共生させることによって、木材をエネルギーに変える力を手に入れた。そして天敵・アリ（黒い蟻）に食べられていく。分解困難な炭水化物を食べ、動物性たんぱく質としてアリなどに食べられていくシロアリは、生態系にとってとても貴重な昆虫だ。

地下シロアリと乾材シロアリ

　シロアリは、地下シロアリと乾材シロアリに分類される。

　地下シロアリは、土壌に生息し、蟻道を伸ばして土台などの木材にアタックする。在来種・ヤマトシロアリは北海道北部を除く全国に、加害力が激しく「世界最凶の一種」と言われるイエシロアリは関東以西の暖かい地域に分布している（図1）。地下シロアリは土壌と行き来するので、分布地域は土壌の温度と相関関係が見られる。羽アリはゴールデンウィークから夏にかけて飛ぶ（図2）。

　一方の乾材シロアリは、木材の中に生息し、乾燥材を食べるシロアリだ。特にアメリカカ

ンザイシロアリの被害が深刻化している。侵入経路は、羽アリの飛翔や、被害家具の持ち込みなど、多岐にわたる。そもそも寒さに弱い種だが、普段は外部環境と行き来しないため、寒冷地でも冬を越すことができ、全国に分布していると考えられている。羽アリは6月から9月にかけて本格的に飛ぶ。

シロアリによる被害

　我が国におけるシロアリの年間被害総額は1000億円を超えると言われている。地下シロアリは巣の個体数が多く（数万～百万頭）、被害の進行スピードは極めて速い。被害には水分が関係していることが多く、土壌の近くから発生する。ヤマトシロアリは雨漏りや水漏れによって誘引され、イエシロアリは乾燥材でも自ら運んだ水分で木材を濡らしながら食べる。乾材シロアリであるアメリカカンザイシロアリは、ひとつの巣の個体数は数百頭程度と小さいが、被害と水分が関係しないので、土壌から遠く離れた小屋裏などにもたくさんの巣をつくる。被害は、特徴的な糞粒を見つけることで知ることができる（写真1）。日本には、アメリカカンザイシロアリの駆除ができる業者がほとんどいないので、家に入れないことが肝心だ。

● セルロース
木材の要素のおおよそ半分を占める炭水化物。葉の葉緑体が、空気中の二酸化炭素のうちの炭素と、根から吸い上げた水を、日光のエネルギーで合成（光合成）してつくられる。食物繊維

● 蟻道
シロアリが土や砂粒を糞などで固めてつくったトンネル。「ぎどう」と読む。外敵に襲われないよう安全に往来するために、また、土壌から水分や湿気をあげるためにつくる

（写真1）アメリカカンザイシロアリの糞粒

俵状で、横に6本の筋、しっかりとした質感がある。出窓などに落ちていても住まい手は「なにかの種」としか思わず、対応が遅れることが多い

（図1）地下シロアリ分布

日本産シロアリ分布（2013年）　a：ヤマトシロアリ　b：イエシロアリ

出典：木造長期優良住宅の総合的検証委員会　耐久性分科会　平成25年度成果報告書

（図2）シロアリとアリの見分け方

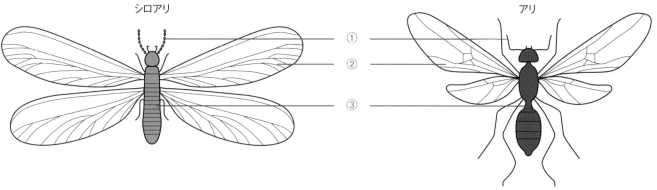

羽アリの「触角」「羽」「胴体」で、シロアリかアリかを区別できる。その羽アリがシロアリで、大量に発生していたら早急な対処が必要になる

①触角　アリの触角は「く」の字状だが、シロアリの触角は真珠のネックレスのように数珠状である
②羽　　アリの翅は前翅が後翅より大きいのに対して、シロアリの翅は4枚ともほぼ同じ大きさ・同じ形である
③胴体　アリは腰の部分が細くくびれているが、シロアリはくびれはなく、ずん胴である

木材の基礎知識

構造材として用いる

エンジニアードウッド

造作材として用いる

適材適所な使い方

木材活用術

防蟻処理

防蟻処理には土壌処理と木部処理がある。
安全性に配慮し、"コスパ"でシロアリリスクを抑え、効果を持続させること

シロアリ対策

　木材をシロアリの食害からまもる措置を防蟻処理といい、「土壌処理」と「木部処理」がある。土壌処理は、土壌を防蟻剤で処理することによって、土壌からのシロアリの侵入を防ぐ方法である。近年は、土壌をコンクリートで覆う「ベタ基礎」を採用することによって、薬剤処理を省略する傾向にある。一方の木部処理は、木材を防蟻剤で処理することによって、シロアリの食害を防ぐ方法である。

　土台はヒノキなどの高耐久樹種（表）か、工場で防蟻処理を施した木材を使用し、外壁に掛かる柱などの下部1メートルを現場で薬剤処理する組み合わせが一般的である。

薬剤の選択

　防蟻処理には、一般的に（公社）日本木材保存協会または（公社）日本しろあり対策協会に認定された薬剤が使用される。ここで注意したいのは、これら薬剤の多くが有効成分に農薬登録されている合成殺虫剤を採用していることだ。合成殺虫剤は、住まい手の健康リスクにつながり、また、効果が持続しないため5年毎の再処理が必要になる。しかし、外壁に掛かる柱などは断熱材などが入ってしまえば再処理が不可能である。特に、近年主流であるネオニコチノイド系殺虫剤は、子どもの脳発達に悪影響を与える恐れがあると指摘されている。

ホウ酸による木部処理

　2011年に木部用防腐防蟻剤として（公社）日本木材保存協会に認定されたホウ酸による防蟻処理が注目されている（写真1）。ホウ酸は、米国やトルコで採掘されるホウ酸塩鉱物を精製して得られる自然素材であり、空気を汚さず、効果が持続的であるため、近年シェアを伸ばしている。日本での歴史はまだ浅いが、欧米オセアニアでは長く一般的である。空気を汚さないため、すべての構造材を処理することが可能で、アメリカカンザイシロアリ対策としても使用できる。ただし、水溶性であるため、シートや撥水剤を利用して雨で溶け出さないような措置が必要になる。

シロアリ対策は総合的に

　シロアリ対策とは、健康被害を出さないように、"コスパ"を検討しながら出来る限りシロアリリスクを小さくし、その効果をなるべく持続させることであり、十重二十重の対策を行うことが肝要である。たとえば、ベタ基礎とし、配管などは基礎立ち上がりから抜くか、耐圧盤から抜く場合はその隙間を防蟻シーリング材（写真2）や防蟻パテ（写真3）で塞ぐ。玄関にも床下をつくる。木部には雨対策まで含めたホウ酸処理を施す。少なくとも5年に1度は床下検査を行う。これらを総合的に行うことによって、安全に、シロアリリスクを長期間にわたって小さくすることができる。

● 合成殺虫剤
害虫を殺す目的で化学的に合成された有機化合物。農薬は、法律によってその製造や使用方法について厳密に規制されているが、シロアリ対策に使われる合成殺虫剤は事実上規制されていない

● ホウ酸
ホウ酸塩鉱物を精製して得られる無機化合物。ガラスや液晶、洗剤などその用途は多岐にわたる。すべての植物にとって必須微量栄養素であり、肥料として日本で年間3000トン、世界で6万トン撒かれている。日本に鉱脈は無いが、温泉水には多量に含まれていて、年間10万トンが河川に放流している

（表）日本農林規格（JAS）の構造用製材規格等に規定する樹種の区分

	D_i 樹種（太字は特定樹種）
針葉樹	ヒノキ、ヒバ、スギ、カラマツ、ベイヒ、ベイスギ、ベイヒバ、ベイマツ、ダフリカカラマツ、サイプレスパイン
広葉樹	**ケヤキ、クリ、クヌギ、ミズナラ、カプール、セランガンバツ、アピトン、ケンパス、ボンゴシ、イペ、ジャラ**
2x4	ウエスタンラーチ、**ウエスタンレッドシーダー**、カラマツ、スギ、**タイワンヒノキ**、ダグラスファー、ダフリカカラマツ、タマラック、パシフィックコーストイエローシーダー、ヒノキ、ヒバ
その他	サワラ、ネズコ、イチイ、カヤ、コウヤマキ、インセンスシーダー、センペルコイヤ

比較的耐久性があるとされている樹種。うち特定樹種は、防腐防蟻処理をせずにそのまま土台で使用できる

（写真1）ホウ酸による木部防腐防蟻処理

木材に防蟻剤を処理することにより、木部に直接防蟻性能を付与できる。ホウ酸処理は安全で効果が持続的だが、水溶性なので雨対策が必須

（写真2）防蟻シーリング材による、耐圧盤貫通部の処理

シロアリの侵入経路を遮断することで、シロアリ侵入リスクを低減させる

（写真3）防蟻パテにより水抜き穴を埋める

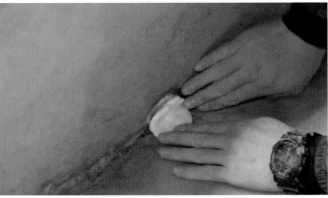

水抜き穴はシロアリの侵入経路となるので、防蟻パテなどで必ず埋める

木材の基礎知識

構造材として用いる

エンジニアードウッド

造作材として用いる

適材適所な使い方

木材活用術

オイル塗装、ウレタン塗装、ワックス

耐久性、メンテナンスを考えた塗料選択が重要。塗膜をつくるウレタン、含浸するオイル、ワックス

多用されるウレタン塗料

塗装仕上げの種類は多様であり、塗料の種類や使用個所によって耐久性やメンテナンスの頻度も変わる。それだけに塗料の選定は重要である（図）。

最も多く使用されているのは、ウレタン塗料である。塗布面に塗膜を形成して表面を平滑にし、木材を保護強化して水の吸収を防ぐ。主に、水廻りのカウンターや家具、建具などに使用される。

ウレタン塗料は、塗膜に傷がついたりはがれたりすると、いったん塗膜を全面剥離して再塗装しなければならない。そのため、住まい手自らがメンテナンスするのは難しい。また、揮発性の有機溶剤系塗料が多いため、シックハウスに注意が必要である。

長期的には割安で安全なオイル

オイル系塗料は、木材をはじめとする自然素材と最も相性がよい。近年は植物系オイルも容易に購入できる。ただし、においには好き嫌いがあるため、サンプルで確認しておくとよい。

ウレタン系塗料と違い、塗装面に塗膜をつくらず、木の繊維に成分を含浸させることで木材を保護する。そのため、塗装後も木材の呼吸を妨げず、木材本来の調湿作用や手触りが生かされる。ウレタン系塗料より割高だが、健康や環境面、メンテナンス性など長期的な視点で検討するといいだろう。

メンテナンスに優れるワックス

自然系の亜麻仁油や蜜蝋などのワックスも、オイル同様、木材と相性がよい。オイル塗装の上から仕上げとして塗布すると、木肌につやが出て耐久性が向上する。半固形のタイプが多く、住まい手がウエスで塗布できるため、日々のメンテナンスという点ではオイル系よりも気軽で容易である。

なお、自然系塗料の塗装に使用した刷毛やウエスは、そのまま放置すると自然発火の恐れがある。使用後は水に濡らして破棄するなどの注意が必要である。

● ワックス塗装
ワックスとは蝋のことを指す。オイルと異なり、木に浸透せずに表面に留まり汚れを防ぐので、濡れ色にならずより無塗装に近いさらっとした仕上がりになる

● ウエス
機械類などの油を拭きとるのに用いる布

（図）塗装は耐久性をうながす

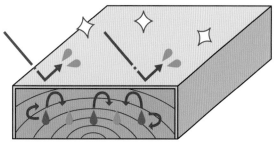

ウレタン塗装は表面を平滑にし、水の吸収を防ぐが、木の呼吸が妨げられる

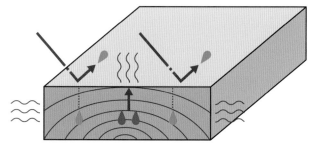

オイルやワックスは、塗装面に塗膜をつくらないため、塗装後も木の呼吸が妨げられない

各種木質系下地用の塗料

ステイン着色＋ウレタンクリア塗装：
樹種はカーリーメープル

オイルフィニッシュ：樹種はオーク

自然塗料：シナ合板にカリン色塗り

オイルフィニッシュ：樹種はウォルナット

ウレタン塗装 光沢仕上げ：磨き仕上げ。
樹種はウォルナット

ウレタン塗装 半光沢仕上げ：樹種は
ウォルナット

ウレタン塗装 艶消し仕上げ：樹種は
ウォルナット

ステイン着色仕上げ 緑：樹種はオーク

ステイン着色仕上げ 白：樹種はオーク

クリアラッカー 艶消し仕上げ：樹種は
オーク

着色＋ウレタン塗装磨き仕上げ：樹種は
オーク。工程が多い

各種自然系塗料

摺りうるし：生うるしを木肌に直接摺り込
み、拭き取って仕上げる

カシュー塗り クリア：カシュー自体は飴
色がかった透明色をしている

柿渋塗り：カラーフォーマーと合わせると
約2日で自然な柿渋色になる

弁柄塗り：柿渋原液と混合して塗ると防水
効果などが得られる

木材の基礎知識

構造材として用いる

エンジニアードウッド

造作材として用いる

適材適所な使い方

木材活用術

薬剤処理による不燃木材

着火および発熱現象の抑制力が、木材の内装材としての能力を高める。不燃性は薬剤の注入量に左右される

内装制限と木材

建築基準法では、不特定多数の人が利用する施設や大規模な施設、裸火を使う台所などにおいて、火災時に居住者が煙にまかれたり火炎にさらされたりしないように、壁や天井を燃えにくいものでつくるよう内装仕上材が規制されている。これを「内装制限」という。そのため、可燃物である木材をそのまま仕上材として使用することはできない。

木材は、外部から加熱されると表面から熱分解ガスを放出し、それがある濃度に達すると着火する。この着火および発熱現象を抑制すれば、木材は発熱しにくくなる。発熱しにくくなれば、建築基準法の難燃材料、準不燃材料、不燃材料に位置づけることが可能となり、内装制限がかかる部屋の壁や天井にも木材を使える。

薬剤の加圧注入による不燃木材

木材を難燃材料、準不燃材料、不燃材料に位置づけるには、コーンカロリーメーターによる試験を行う（写真）。1つの試験装置に10cm四方（厚さは実寸）の試験体をセットし、上部のコーン型ヒーターで、試験体に50kW/㎡（火災初期に壁や天井が受ける加熱）の熱量を与えながら口火を近づける。その状態で5分間燃えず、かつ有害なガスを発生しなければ難燃材料、10分間燃えなければ準不燃材料、20分間燃えなければ不燃材料となる（表）。

現在、スギやヒノキなどの針葉樹を中心に、①無機リン酸系、②ホウ砂ホウ酸系、③リン酸グアニジン系などの薬剤を加圧注入して、要求性能を満足させる製品がつくられている。薬剤の注入量をコントロールして、難燃材料、準不燃材料、不燃材料とするのである。

こうした不燃木材は、国土交通大臣の認定を取得したものが多数販売されている。なお、使用条件（雨のかかる場所や湿気の多い場所）によっては、不燃性能が低下することもあるので十分確認したうえで使用したい。

● 難燃材料
不燃性能をもつ材料としては最低基準のもの。通常の火災時に加熱開始後5分間は燃焼しないことが求められる。難燃合板、難燃繊維板、難燃プラスチック板などがある

● 準不燃材料
不燃性能をもつ材料としては中位基準のもの。通常の火災時に加熱開始後10分間は燃焼しないことが求められる。石膏ボード、セルロースファイバーなどがある

● 不燃材料
不燃性能をもつ材料としては最高基準のもの。通常の火災時に加熱開始後20分間は燃焼しないことが求められる。コンクリート、ガラス、石などがある

（写真）コーンカロリーメーター

コーンカロリーメーターとは、着火防止性能、発熱抑制性能を計測する装置である。熱源のコーンヒーターと試験体を一定の距離に保って試験体を熱し、試験体の着火時間や発熱量を測定する

コーンヒーターに熱せられた試験体が熱分解ガスを放出し、試験体に着火したところ。試験体は50kW/㎡の熱量で熱せられる

（表）不燃材料・準不燃材料・難燃材料の概要

材料	要求時間	要求性能
不燃材料（法2条9号）	20分	①燃焼しない ②避難上有害な煙などを出さない ③防火上有害な変形、亀裂などの損傷を生じない
準不燃材料（令1条5号）	10分	
難燃材料（令1条6号）	5分	

外壁のメンテナンス

使用材料と部位、塗装で異なる。
定期的なメンテナンスを考慮した設計が求められる

材料、部位、塗装の有無で異なる

木材のメンテナンス方法は、「使用材料」「使用部位」「仕上げの塗料」により異なる。ここでは、一般的なメンテナンス方法について述べるが、塗装している場合は、基本的に、使用した塗料のメンテナンス方法に従うのがベストであることに留意してほしい。

外壁のメンテナンス

外壁には一般に、スギ、ヒノキ、ヒバ、カラマツ、ベイスギ（カナダスギ）などの針葉樹が使用される。心材を中心に、耐候性の高い成分を多く含む材を安定的にそろえられ、真っすぐな長材を用意できるためである。

ただし、これらの材を使っても、紫外線の影響で木が痩せる劣化が起こったり、風雨による損傷と腐食による劣化はほぼ確実に起こる（写真1）。紫外線による劣化から木を保護するには、塗装が有効である。たとえば寺社に使用する木材は、古くからベンガラや墨、朱、漆喰（木口部分）を塗装してきた（写真2）。

現在は、より手間のかからないアルキッド系樹脂、植物油性、水性など、さまざまなタイプの塗料が販売されている。一般に、塗料によるメンテナンスは、完成前にメーカーの仕様書通りに仕上げ、2～3年以内に再塗装。その後は様子を見ながら、5年後、10年後と塗り重ねる。

近年見直されている焼きスギは、普段の手入れは不要だが、表面の炭化部分が風化した際は、全面を張り替える必要がある。耐用年数は、通常、約15年といわれている。

同様に、注入材・防腐処理材も、塗装など普段の手入れは不要のものが多いが、劣化して薬剤の効果がなくなれば取り替える必要がある。耐用年数は約10～30年といわれている。

なお、外部の木部は定期的なメンテナンスが不可欠であるため、メンテナンスにかかる費用と作業のしやすさなども考慮した設計をすることが望ましい。

● ベンガラ
赤色の酸化鉄顔料。着色力・隠蔽力が大きく、耐熱性・耐水性・耐光性等に優れ、さらに安価で人体にも無害なので広く使用されている

● アルキッド系樹脂塗料
木製品の塗装に主に使われている塗料で、速乾性で扱いやすく、上塗りが容易などの特徴をもつ

（写真1）竣工後8年が経過したカラマツの外壁

クリアーに近い色を塗装したカラマツの外壁。施工後8年が経過し、再塗装の時期（施工後2～3年）を過ぎており、紫外線による劣化でグレーに変色している

（写真2）塗装による社寺建築の保護

日本の社寺建築の多くは木造である。長年風雨にさらされて柱や梁などが変色してくるが、定期的に塗装を行うことで、劣化を防止できる

デッキと床のメンテナンス

針葉樹は広葉樹よりも劣化が早い。床材は変化を楽しめる素材を選ぶ

デッキのメンテナンス

デッキは木材の劣化速度がかなり早く、外壁の10倍ともいわれる。そのため、高耐久の南洋材が多く使用されるが、メンテナンスは不可欠である。

南洋材は無塗装で使用されることが多く、約半年でグレーに変色する。雨や紫外線の影響である。また、紫外線によって短い繊維がとげ状になる現象もあるため、デッキブラシなどでまめに手入れをしておきたい。

針葉樹の場合は、塗装で保護する。劣化速度が速いため、3～6カ月で最初の再塗装をし、1年後にさらに再塗装する。その後は、様子を見ながら再塗装していく（写真1）。

広葉樹も針葉樹と同様だが、クリなどのように無塗装でよいものもある。だが、タンニン成分が雨などによって溶出することがあるため、塗装でその溶出を抑えた仕上げとすることが望ましい。ただし、塗装が材に浸透し定着するまで時間がかかるため、塗装時の天候には注意が必要である。

床のメンテナンス

床はオイルやワックスで仕上げたほうが、きれいに日焼けする。また、汚れに対する抵抗力も無塗装に比べて高くなるため、普段の手入れが楽になる。

普段のメンテナンスとしては、掃除機をかけ、モップ、から拭きをする。浅い傷や汚れは、サンドペーパーで平滑にし、オイルまたはワックスを再塗装する。小さなへこみにはスチームアイロンが効果的である。へこみ部分に濡らした布をあて、その上からスチームアイロンをあてると復元することが多い。再塗装は、オイルの場合は1年ごと、ワックスの場合は3カ月ごとが一般的である（写真2・3）。

ウレタンやUV仕上げの場合、普段は掃除機やモップがけ、水ふきでもよい。ただし、塗面がはがれたり割れたりした場合は、全面を剥離させ、再塗装する必要がある。定期的な特別のメンテナンスは不要である。

- 南洋材
  熱帯地域で産出される木材のこと

- UV仕上げ
  紫外線を照射することで硬化するUVハードコート塗料を用いて行うと塗装方法のこと。従来のウレタン塗装に比べ、耐摩耗性や対薬品性にすぐれ、また光沢があり高級感のある仕上げとなる

（写真1）ヒバを使用したデッキ

![デッキの写真]

雨や紫外線の影響を受けるため、耐候性の高い樹種を選択する。ただし、室内に比べて劣化速度が速いので、3～6カ月で再塗装し、1年後にさらに再塗装するなどのメンテナンスが必要である

（写真2）ツガを床に使用した例

竣工直後（左）と10年経過したもの（右）。普段のメンテナンスはモップ、から拭きでOK。浅い傷や汚れがついたらサンドペーパーで平らにし、オイルまたはワックスを再塗装する

（写真3）カバで仕上げた床

オイルやワックスは、床を保護するだけでなく、日焼けや汚れへの対応策となる。普段のメンテナンスはから拭き程度でよい

CHAPTER **6**

木材活用術

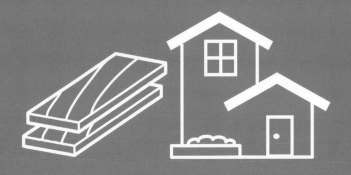

地域の製材でつくる保育施設

製材所と設計事務所による"二人船頭方式"で
地域の木材を使う

「木育」と木造児童福祉施設の重要性

「木育」とは、2004年(平成16年)9月に発足して北海道庁が主導した『木育』プロジェクトから提案された新しい教育概念だ。

「「平成16年度協働型政策検討システム推進事業報告書」(北海道)では、「木を子どもの頃から身近に使っていくことを通じて、人と、森や木との関わりを主体的に考えられる豊かな心を育てたいという想いを「木育(もくいく)」という言葉にこめた」と記されている。これは、子どもたちの教育にとって木や木材が大切であるということである。ここから子どもたちのための保育空間、教育空間を木造でつくることが大切だと考えられるようになり、保育の現場で働く職員からも木造の園舎を求める声が上がっている。

助成金と設計時間の問題

待機児童の解決が社会問題となっており、児童福祉施設、特に保育園の建設への助成金の制度も充実してきている。ただし、助成金の制度上、年度内の完成が必須とされていてスケジュールが厳しい。年度の始まる4月に助成金の申請をしてその確定が早くてゴールデンウイーク過ぎになり、そこから設計契約を取り結び年度末の3月までに建物の完成が求められるのだ。

このスケジュールを逆算して、設計に使える時間を計算する。工事期間は準備も含めて半年は必要であり、見積作成と工事費の調整に2カ月は必要と考える。すると、設計を5月から始めても完了まで4カ月で成し遂げないといけない。この設計期間に木材を調達し、計画を立てないといけない。

素材調達の課題

木材調達については、集成材であれば注文を受けてから製作に入ることが可能なので問題はないが、今回の保育園では子どもたちの空間を無垢材の製材品でつくりたいという建築主からの強い希望があり、それを叶える必要があった。

地域の製材品では調達の問題がある。30坪程度の住宅の規模であれば使う量もサイズも特殊なものはないので予め準備されている製材品でもまかなうことができる。だが、非住宅の大空間を製材で実現する場合には、一般に流通していないサイズの木材が必要になる。流通していないサイズを調達するには山に探しに行き切り出してこないといけない。

ここで大切なのは設計者側の配慮である。つまり、設計する時に調達可能なサイズと量をある程度把握し、そのサイズと量を前提とした設計をするのだ。その配慮がないと調達が間に合わなかったり調達ができなかったりしてしまう。助成金を受けていれば、なんとしても年度内に完成することが必須なので、これは大きな問題だ。

地域の製材品で設計しておきながら、いざ工事が始まる時に調達が難しいからと集成材金物工法に変更を余儀なくされるのでは悲しすぎるのではないか。

（写真1）埼玉県産材を使用した保育施設の内観

（写真2）埼玉県産材を使用した保育施設の外観

写真：畑拓

設計からの歩み寄り

埼玉県熊谷市で完成した「わらしべの里共同保育所」は木造軸組工法一部2階建の床面積800平米の木造建築で約140㎡の製材品で作られている。なかでも埼玉県産材率は86％と、ほぼ地域の木を使っている。集成材ではなく製材品であるのは子どもたちの環境としてよりふさわしいという保育園側からの要望である。

　製材での実現を目指し設計側からの歩み寄りとして考えたことは12尺グリットの採用である（図1）。これは、流通量の多い4mの丸太をできるだけ利用するという意図だ。

　垂木材は120㎜角の杉材で設計した（図2）。屋根勾配があるので長さが4.5mとなり、本数としては500本必要となった。最初の構造計算では全てにE90が求められたが、埼玉県産の杉材ではE90の出現率はそれほど高くない。構造設計者と相談して屋根荷重を丁寧に再度拾ってもらい計算をやり直して、半分はE70で足りるという検証も行っている（図3）。

　また、埼玉県は大径材の蓄積はそれほど多くない。そこで、必要になると予想される大きなサイズの材については、埼玉県産材にこだわることなく、たとえば福島県の協和木材さんのような近県の製材所とのネットワークを設計時からつくっていた。

構造設計者との連携

　中大規模木造では構造計算をして耐震性の検証をする。その場合に製材品のヤング係数が分かれば必要最小寸法での設計ができる。ところが、JAS機械等級区分製材品のようにヤング係数の計測表示された製材品の流通量は多いとは言えない。今後、より多くの製材所で生産ができるように設計者から声を上げていかなくてはならないところだろう。

　今回は秩父の金子製材所に材料調達を依頼しているが、金子製材所はJAS機械等級区分製材に早くから取り組まれており製品の全数グレーディングをしている。全数グレーディングしていることは大変重要で、秩父エリアでの木材のヤング係数の出現率がわかる。これは先程も触れたように設計者としては重要な情報だ。このように製材品の品質について対応できる製材所が増えないと製材による施設建築は容易ではないが、一旦連携ができれば難しいことはないのである。

二人船頭方式

　設計事務所が製材による設計を実現させるには製材所との連携が不可欠である。そこで提案したいのは、私が「二人船頭方式」と呼んでいる方法だ。

　これは、川中である製材所を中心に、川上側の事情にくわしい川上側の船頭と、川下側で需要情報を理解しながら設計をまとめることのできる川下側の船頭の二人体制でプロジェクトを進めるやり方である。

　設計事務所が地域の森林情報を理解し丸太の発注までするためには時間がかかり現実的ではないし、川上側は信用を第一にするので数カ月の付き合いで信頼関係を築くのは容易ではない。

　設計事務所からすると、丸太を買うという責任を引き受けてくれながら山側の情報に詳しい川上側のコーディネーターと連携を組むことが地域の木材を使った建築を実現するためには最も確実で最も現実的な方法となるのである。

　わらしべの里共同保育所では森林組合との情報連携を持つ金子製材所と、そこからの情報を踏まえながらクライアントからの要求を設計に落とし込んでいったアトリエフルカワ一級建築士事務所の二人船頭の体制で実現ができたといえる。

● 川中
製品製作者のことで、プレカット事業者や、製材、合板、チップ等の加工業者などを指す

● 川上
原料供給者のことで、森林所有者や、造林、丸太生産を行う林業経営者などを指す

● 川下
需要者および最終製品の提供者のことで、建設会社・工務店・住宅メーカー、家具製造業者などを指す

（図1）1階平面図

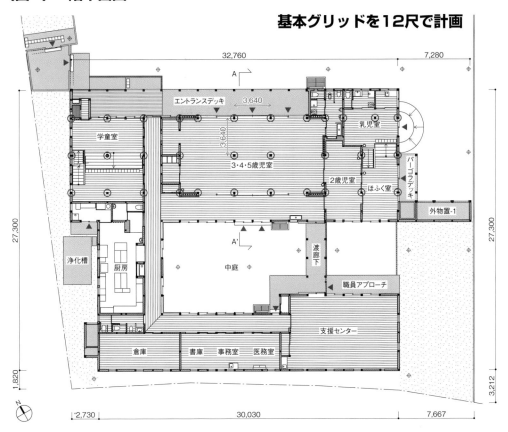

基本グリッドを12尺で計画

（図2）断面図

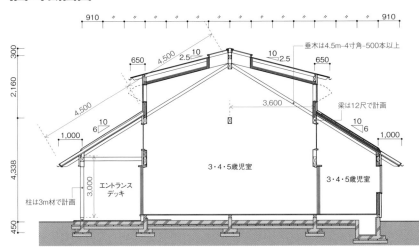

平面計画を12尺で考えても屋根垂木は
流れ長さがある。今回の計画では、桁上
で継いで4.5mの120㎜角材が500本必
要になった

（図3）小屋伏図

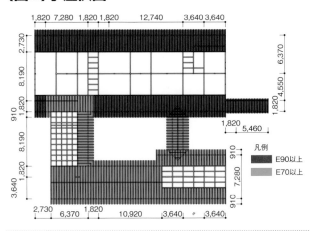

凡例
■ E90以上
■ E70以上

最初の構造計画ではすべての垂木のヤン
グ率がE90以上であったが、屋根荷重な
どを再計算し、左図の青い部分はE70で
十分と判明。素材調達が可能になった

国産製材品の具体的な調達

森林組合と製材所の連携と情報共有が重要であり、川上と川下をつなぐコーディネーター役の存在が不可欠である

国産材を使う難しさ

川上で使ってもらいたい人、川下で使いたい人がいるので、国産材業界も容易に活性化するのではと思われるが、そうなっていないのが現状だ。一部には価格や強度などの課題もあるようだが、そもそも入手方法が分からないという声も少なくない。

1つに川下側、都市部における環境意識の変化と国産材を使うための法整備、また、補助制度の拡充が挙げられると考えられる。その需要の多くが非住宅であり一施設に使われる木材の大きさや総量、品質、加工方法等は住宅の比ではないのだ。特に一般に流通している木材以外の規格（JAS材、長尺材、集成材、不燃材等）が使われる場合、指定した地域の木材でその大きさや品質を管理して納期に間に合うように手配するには、業界のネットワークが必要となり、少なからず経験と知識が必要になる。

地域材や流域材を使うには

規模の大きな非住宅で国産製材品を使う場合は、まず使いたい地域の森林組合や素材生産業に問い合わせて情報を得ることが必要だ。その際、必要となる木材の内容を伝え、2～3社の製材加工業者を紹介してもらえれ

ばスムーズに次の段階に入れるだろう。そして製材加工業者に連絡し、計画している物件の大まかな木材の情報を伝えて対応が可能な企業を選ぶ。特に地域の指定が無い場合には、都道府県の担当課や木材協会など業界団体に聞いてみるのも有効だ。

わらしべの里共同保育所[p.158]は、建設以前に保育所関係者に地域の木材を使う事に対して地域で木材調達する樹種、大きさ、JAS材や加工の種類、地域で入手困難もしくは価格的に使うことが難しい場合には、他地域の木材（福島、静岡、奈良）にするなど価格や品質等を考慮しながら横断的に木材を使用することで結果的に多くの地域材を使用することができたのである。特に注意すべきなのは必要な強度を確保できる木材の調達だったが、使われる木材がJASの機械等級区分木材だったため、普段から伐採方法等で情報を共有している森林組合の協力のもと大過なく製材加工が行えたのだ。

補助事業では年度内完工が求められるため、他地域との素材調達のネットワークが不可欠。製材所が日頃から森林組合と情報共有していることや、JAS機械等級区分で設計からの強度指定がある場合には、複数本の丸太の製材から強度を確保する必要がある。

（図1）国産製材品の調達の流れ

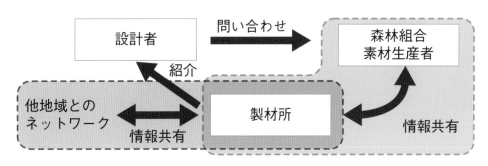

国産製材品での計画を進めるには、原木調達の可能性を確認することが大切である。森林施業計画などにより原木の生産量が決まっている場合もあり、こちらの注文に臨機応変に対応できるとは限らないことを知っておかなければならない

（写真）桑の木保育園

製材所が起点となった森林組合との情報共有により、短期間で地域材での機械等級区分JAS製材品100％を実現した

桑の木保育園

構造材使用量は全体で64.2231㎥（長尺材約11㎥）だが、燃え代設計材や化粧材も多かったため、普段から情報交換や横連携している県内の森林組合に依頼し、適材を調達した。それでも必要な原木量は製品量の4倍近くとなった。加えて、一般的な節有の正角の必要原木量は製品量の2倍強、梁桁は3倍強となるが、役物（無節や上小節等）は伐採地や手入れの有無によってもかなり必要量が違うので注意が必要

わらしべの里共同保育所

国産材の利用量は、埼玉県産材88.0267㎥（65％強）、福島県産材43.3899㎥、静岡県産材2.0393㎥である。木材の出材量は日本各地で地域間格差があり埼玉県などは比較的出材量が少なく、特に長尺材（5〜6m材）や桧材等の出材が難しい。このプロジェクトでは、埼玉県産木材を極力使うよう努力する中で不足する事が想定出来た長尺材、一部の特殊材は他県のJAS工場から手配した。その場合、各工場との連携を取りながらそれぞれの情報を検討し、出来れば必要とされる納期に対して1カ月前位の余裕が必要である。山側の伐採、出材情報やその原木の品質、齢級等の情報及び他地域の原木や製材工場の情報など横連携が大切である

公共案件で地域材を活用する

高畠町立図書館および屋内遊戯場建設から考える

公共案件における地域材活用とその課題

SDGsや脱炭素といった社会の環境に対する機運の高まりとともに増加傾向にある動きの1つとして、公共案件における地域材の活用がある。しかし、地域材を活用するに当たっては下記の課題も存在する。

【地域材活用の課題】
①木材のグレードと設計仕様
②木材の用途と選別
③分離発注による材料納期の確保
④流通カスタマイズによる地域産業の維持、貢献

ここでは、2019年山形県高畠町にオープンした図書館と遊戯場の事例を通じて地域材の活用について考える。

設計者との木材仕様の確認および決定

従来、木材はその用途によって製材用のA材、合板用のB材、チップや燃料用のC材と選別される（図1）。

しかし、この一般的な選別の通りに製材用のA材のみで市町村材の調達を行うと、中大規模建築に必要な材を揃えることが困難になる。そのため、発注者は設計者と地域の木材の事情をよく認識し、協議しながら利用する木材の仕様を決定する必要がある。

節材や変色材の最大限の活用

高畠町の林業は、合板用のB材を主に生産する森林施業を行っている。そのため、あらわしの構造や内装に利用するには、節や変色した材をいかに活用するかを考える必要があった（写真1）。高畠町立図書館では、主要構造材が中断面集成材であったため、製材工程ではラミナ（集成材の制作に必要な原板）を取った。家具や遊具についても、寸法挙動の優位性から集成材で製作した。そのため、節

（図1）森林資源フル活用のイメージ

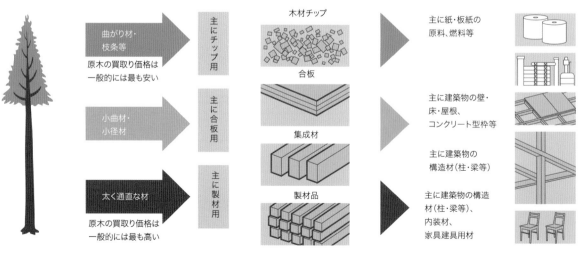

引用：森林・林業基本計画関連資料（151ページ）

（写真１）高畠の丸太

（写真2）選別工程

左からA、B、C、Dまでグレード分け

（写真3）高畠町立図書館での使用例

図書館の片流れの天井

図書館の低い天井部分　写真：太田拓実

や変色は、主に内装材の意匠でどのように取り入ることができるかを検討する必要があった。以下に高畠町の事例で各部材での活用をどのように考え、選別を実施したのかを示す。

【構造および造作集成材】 高畠町の材には「とび腐れ」という虫の食害による変色が多いが、強度に問題がないものは、利用することで製作した。集成材は材の途中に大きな節や腐れがあっても除去することができるので、地域によっては使い方次第で有効な手法になると考える。

【床、天井】 床材は変色および貫通していない抜け節は補修することで利用可能というルールで製作した。天井材は、意匠グレードによって選別を行い、A、B、Cの3つのグレードに梱包を分けて、現場に納品した（p.165写真2）。現場では施工場所によって利用するグレードを変えており、図書館の最大9mある片流れの天井の高い部分には、Cグレードのものが使われ、抜け節の穴が開いたままの天井材が施工されている部分がある。一方、天井が低くなっている目に近い部分ではA、Bグレード中心に利用した（p.165写真3）。

【壁、遊具パネル】 壁や遊具パネルには三層パネルを採用している。三層パネルは積層前に原板のグレードを確認して、壁面使いのものには、裏面と中間層にグレードの低い原板を利用し、両面使いのパネルは中間層にグレードの低いものを入れることで意匠がきれいなものが見えるように製作した（写真4）。

いずれの部材でも、補修作業が通常より多くなり、人件費やパテ代がかさむので予算を組む際に想定しておく必要がある。

分離発注方式による
地域産材調達納期の確保

通常、公共案件では材工共の発注方式であり、工事事業者が木材を含む材料の調達を行う。しかし、自治体案件では予算が年度で動くため、地域材に限った調達を行う際、工事業者が決定してから実施すると一部材料が間に合わない場合がある。この納期の調整方法

としては、分離発注により設計段階から地域材調達を行う方法があり、高畠町でも分離発注で業務が実施された。設計段階から地域の林業、木材業の状況をよく調査した上で、その仕様を決定し、調達することで地域材を活用できる範囲が大きく広がる（図2）。

流通カスタマイズと
横並びの構造で調達

公共案件など、取扱量が多い案件では、木材の流通がツリー構造になっていることが多く、小規模事業者が下請け、孫請けとなることが多い。更に公共案件の予算策定では、木材価格がオートメーション化の進んだ工場の価格で設定されることが多く、地域の製材所は二束三文で仕事をしていることも散見される。適正価格で仕事を分配するためには、流通監理を行う者を入れて、ツリー構造ではなく、上下のない横並びの構造で調達を行うべきである。また、非住宅の地域材調達は案件ごとに流通をカスタマイズし、その時々の地域や社会環境に合わせて対応する必要がある（図3）。

そのため公共案件については、見積を積算する段階で各工程のそれぞれの事業者から、地域の事情が反映された適正な価格にて積算情報をヒアリングし、予算を取っていく必要がある。建築という行為を経て関わった事業者や地域の産業が持続可能なものにならなければ、真の意味で公共建築と言えない。

地域材活用の意義と未来

地域材を使うことは目的ではなく手段である。また、植林から木材として私たちの手に渡るまでに約50年がかかり、その50年の間に何人ものの人の手がかかっている。こうした人の行為の過去から未来までの積み重ねの中に現在があり、そこに私たちはいる。そのため私たちが地域材の利用を通じて未来にどのような森、産業、暮らしを創っていきたいのか。地域の人との対話を通じた未来を想う木材調達こそ、地域材活用の意義である。

（写真4）高畠町屋内遊戯場「もっくる」での使用例

写真：太田拓実

（図2）発注方式と地域材の調達納期

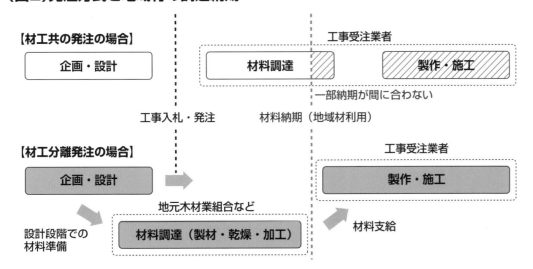

【材工共の発注の場合】

企画・設計

工事受注業者

材料調達　　製作・施工

一部納期が間に合わない

工事入札・発注　　　材料納期（地域材利用）

【材工分離発注の場合】

企画・設計

工事受注業者

製作・施工

設計段階での
材料準備

地元木材業組合など

材料調達（製材・乾燥・加工）

材料支給

（図3）流通カスタマイズ

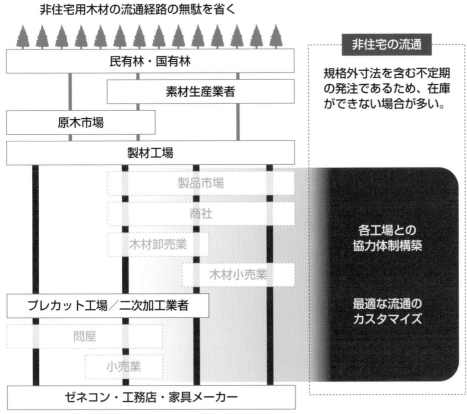

非住宅用木材の流通経路の無駄を省く

民有林・国有林

素材生産業者

原木市場

製材工場

製品市場

商社

木材卸売業

木材小売業

プレカット工場／二次加工業者

問屋

小売業

ゼネコン・工務店・家具メーカー

非住宅の流通

規格外寸法を含む不定期
の発注であるため、在庫
ができない場合が多い。

各工場との
協力体制構築

最適な流通の
カスタマイズ

木材の基礎知識

構造材として用いる

エンジニアードウッド

造作材として用いる

適材適所な使い方

木材活用術

木材調達と地域づくり

木材資源という目線から、自然資本へ、そして循環する社会を支える共同体（コモン）の創造の時代へ

木を見て森を見る、そして人を見る

産業革命以降、私達は汗を流して労働することから解放されて、どんどん生産の現場から離れて、機械や人件費が安い地域に生産を押し付けてきた。そしてあたかも、大地から生産される労働が、低賃金で地位の低い仕事のように意識を変えてしまったのだ。それどころか、こぞって大地から離れ、都市に集まり、ホワイトカラー意識をつくってしまった。そのため我が国の一次生産者人口はどんどん減り続けている。さらには生産労働人口も減り始めている。もはや、大地に根ざして生きる源を生産することが、損な国になってしまったのだ。そのためウッドショックは、目の前にある木を切る人がいないと言う現実を晒してしまった。つまり暮らしの原点である、生産して、使って、再生させるというサイクルを放棄し始めているだけでなく、そこで共に生きていくという繋がりをすっかり忘れてしまっていることを表している。

木材利用の重視

我が国は国際情勢や国の指針で、改めて木を使う国になろうとしている。一方で、地球や大地と繋がり、共に生き、生産し、使い、再生させていくという、循環する環境のなかにいることを忘れ、物質としての木をたくさん使えばよいというムードや、他人任せで単一思考に留まってしまうことが懸念される。

苦労を避け、働くことを誰かに強い、楽をして、「便利で安全に安く」といった、他責を主張し人間中心設計という名の下に、世界や暮らしを消費対象なモノとして扱い、サービスというコトの対象として捉えてしまった。そして、その欲望は止まることを知らず、ついに環境破壊までに至る。

木を使うということは、木や森、山や自然、生態系と繋がって、共に生きている「循環の輪」（図1）のなかにあるという、共同体の意識を回復させることに他ならない。

我が国を代表する経済学者の宇沢弘文氏は、この行き先の見えない不安定な時代を切り開くための可能性は、共に生きる共同体（コモン）の再生ではなかろうか、と述べている。木を使うことの本質は、自然の営みから私たちは生を全うしている、生産している人たちや、生態系と共に生きているという私たちの意識変革のように思うのである。

生産があり、暮らしがあり、再生させて共に生きる共同体として、私達は未来をどう設計するのか。技術は何のために使うのか。そして私たちの意識変革のデザインをどうするのかという、極めてシンプルで根源的な「新しい未来への創造性」が求められているのである（図2）。

（図1）循環の輪

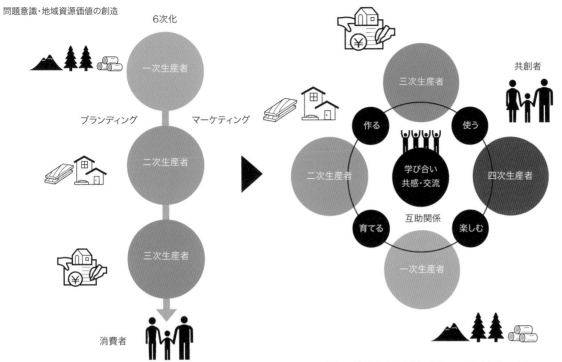

生産の連携や価値、ブランディングを重視し、消費者を置き去りにしている現状から、消費者を共創者（4次生産者）と位置づける互助関係のデザインへ

（図2）意識のイノベーションデザイン

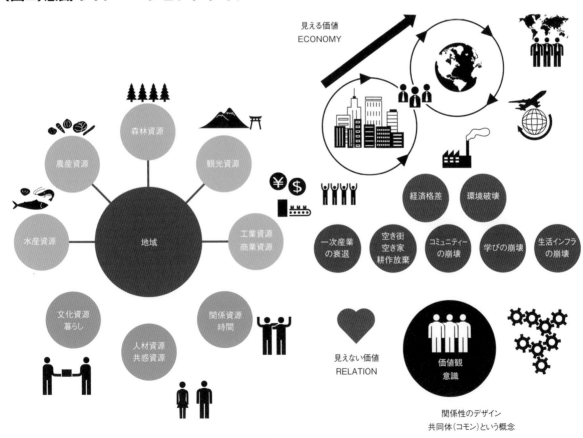

木材の基礎知識

構造材として用いる

エンジニアードウッド

造作材として用いる

適材適所な使い方

木材活用術

地域の林業とつながる木の建築

木造住宅の技術とネットワークで実現する中大規模木造建築。一般流通材を基本部材としつつ、大径材利用についても配慮

木の家づくりで協働する設計施工チーム

　滋賀県林業会館は、県内8つの森林組合を統括する森林組合連合会をはじめ、県内木材・林業関係団体も入居する事務所建築である。建設にあたっては、デザインビルド方式のプロポーザルコンペにより、構造材はびわ湖材を使用すること、事業費の上限価格は140,000千円（税込）とすること、参加表明から約1年半で建物を完成することが求められた。

　そこで、びわ湖材を使った木の家づくりで長年の連携と実績のある設計者と施工者が協働し取り組んだ。そのチームは地域の林業家や、製材所と共に家づくりグループを構成し、川上から川下の連携によるびわ湖材の調達と活用を実践している。この家づくりグループを核とし、県内森林組合との連携を図り、原木調達及び製品供給体制を構築した。

林業会館は「滋賀の木の展示空間」

　主な構造材は全てびわ湖材とし、調達可能な製材品を利用した3つの架構形式を採用し、住宅建設の延長となる、良質かつ他の構造と変わらないコストで実現できる木造建築を目指した。一般流通材を基本部材としながら、今後の生産が見込まれる大径材の利用にも配慮し、本施設が滋賀県の林業と建築をつなぐ架け橋となる建物をつくりたいと考えた。梁は県北部の強度に優れたスギを、柱は県南部の美しいヒノキを、玄関ホールの壁面には県中部の広葉樹を用い、「滋賀の木の展示空間」となるよう用途に応じた多様な木造・木質空間を創出した。

● びわ湖材
　びわ湖材産地証明制度による滋賀県産木材

（図1）木材調達〜活用に至るまでのネットワーク体制

滋賀県内の森林組合 → 原木 → 滋賀県内の原木市場（2ヶ所）

構造設計者
木造架構を立案
構造計算を担当

↓ 協力

木材コーディネート

設計者
意匠設計
全体を統括

原木製品 / 原木 / 木材の利用流通情報の共有

↕ 長年の連携と実績

製材所A
製材品の量産工場、人工乾燥、モルダー加工を担当

森林組合A → 1次製材品 → 製材所B
造作材、建具用材の製材を担当

製材所A → 製品 → 施工者
社員大工が在籍
手刻み、造作全般を担当

林業家 → 原木

家づくりグループ

（図2）軸組架構アイソメ図

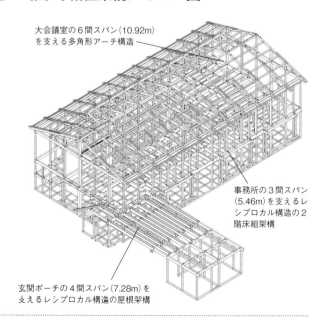

大会議室の6間スパン（10.92m）を支える多角形アーチ構造

事務所の3間スパン（5.46m）を支えるレシプロカル構造の2階床組架構

玄関ポーチの4間スパン（7.28m）を支えるレシプロカル構造の屋根架構

（写真１）外観

建物正面の大開口部越しに内部の木造架構がうかがえ、外からでも木造だと分かるデザイン。ピロティ部分は、伝統的な「長屋門」の建築要素を取り入れ、滋賀県林業の中心拠点に相応しい風格ある佇まいとした

（写真２）玄関ホール

「滋賀の木の展示空間」とも言える、県内各地から調達した木材を使用した木造・木質空間。大径柱の使用や広葉樹のコラージュ壁面

（写真３）2Fホール

太鼓挽きしたスギの曲がり材や八角加工した梁を用いた骨太の木組みをあらわしとした

（写真４）2Fホール

外部から開口部越しに内部の木造架構がうかがえる。サッシ枠や方立も木材で制作し、内装と一体化するよう配慮した。びわ湖材で製作したCLTの間仕切り壁

びわ湖材100%でつくる木造架構

滋賀県林業会館における諸室で必要となる空間の広さは、事務室の3間スパン(5.46m)と、大会議室の6間スパン(10.92m)だった。これらを支える構造にびわ湖材を用いて、コストを抑えつつ魅力的な木造架構にすることが課題だった。

ここで重要なことは、つくりたい構造に必要な木材を探すのではなく、調達可能な木材を予め把握して設計するということだ。滋賀県内で流通している原木は、末口が36㎝以下で長さが4mものが多く、それらから最大で4m-120×360㎜程度の製材品が生産可能である。滋賀県には大断面集成材やCLTを製造する工場は無いため、地域の製材所が生産する製材品を用いた木造架構とする方がコストを抑えられる。

以上のことから、事務室の架構は、部材断面が120×300㎜で材長4m材を用いたレシプロカル構造(相持ち構造)による格子梁とし、3間スパンの無柱空間を創出した(写真1)。また、大会議室の屋根架構は一般住宅の小屋組みに用いる程度の部材断面と材長を4m以下で構成するアーチ構造とし、木組みが身近に感じられる6間スパンの大空間を創出した(写真2)。このように、本施設の木造架構は特殊な注文材ではなく、一般に流通している製材品を用いた設計とした。

事務室の架構で採用したレシプロカル構造は、6m材を用いることで、さらに大きな架構にも応用できる。本施設においては、材長6mの合わせ梁を120㎜角の束で繋ぎ合せたレシプロカル構造による格子組みとして、ピロティの4間スパン(7.28m)の屋根架構に採用した(写真3)。この架構には末口360㎜超の6m材の原木が必要となる。これは今後の生産が見込まれる大径材の利用につながると考えた。

設計段階からの木材調達

滋賀県林業会館の建設における木材調達はデザインビルドの特質を生かし、基本設計の段階から使用部材の寸法と数量を明確にし、原木調達に着手した。事前に県内2カ所の木材市と全ての森林組合を廻り、県内で生産される木材の特徴と流通の現状、森林組合が保有する生産設備や製品情報を把握した上で、木材の利用方法と調達方針を確立した。

プロポーザルコンペにより、選定された翌月の2019年12月から原木の買い付けを始め、横架材用の原木は2020年2月に確保した。同時に管柱用の原木の伐採にも取り掛かり、製材、人工乾燥を経て調達した。土台や大引き用の原木が揃ったのは2020年4月末となった。

必要な木材の全量を1カ所の製材所が担うのではなく、製材所間の連携を図り、県内森林組合が供給可能な製品を仕入れるなど、分散した生産体制を構築することで、木材調達に過度な負荷をかけることなく、実施設計が完了した2020年6月までに構造材の71㎥を調達することができた。

ここでも重要なことがある。構造材の製材時にできるコアの活用だ。主に構造材の生産を担当した製材所が仕入れた原木量は約170㎥に上り、供給した構造材は51㎥となり、歩留まりは30%だった。このことは一般的であるが、製材所にはコアが山のように積まれることになる。このコアは美しい板材を取ることが可能で、上小に等級分けできる板材として内装の羽目板に3㎥、木製サッシ方立用集成材やCLTのラミナとして6.1㎥を使用できる設計とした。また、会議机や椅子の部材にも5.3㎥を利用するようコーディネートし、木材の有効活用を図った。このような工夫は設計段階から木材調達を行ううえで配慮しておきたい。

（写真1）現在の木材活用方法①　事務室の３間スパン（5.46m）を支える２階床組架構

・部材断面：120×300㎜、材長４m材を用いたレシプロカル構造（相持ち構造）による格子梁
・部材の接合は、市販品の梁受け金物を使用し、プレカット加工で対応が可能な形状
・部材の断面と材長の有効利用により、6mのスパンまで応用出来る汎用性のある構法

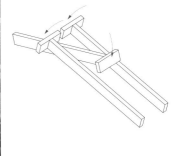

リズミカルでダイナミックなレシプロカル構造の床組み。金物設置部分のスリットが見えないよう加工を工夫した（事務室）

スパン中央部に支保工（写真右下）を設置し、金物部分の梁は下部より差込む

部材構成と架構の考え方
（図：山田憲明構造設計事務所）

（写真2）現在の木材活用方法②　大会議室の６間スパン（10.92m）を支える屋根架構

・部材断面：120×180㎜、75×180㎜、120×120㎜を用いて、材長はいずれも４m材で継手が設けられるように木材を折れ線状につなげた多角形アーチ構造（3ヒンジ式折線アーチ構造）
・登り梁の継手は、曲げモーメントが伝達できるようシングル材をダブル材で挟む簡易なディテール
・アーチ部材の屈折部の座屈留めとして、束材同士を通し貫でつなぐ。伝統的な構造要素である貫を構造の一部に採用することで、職人の手刻みの技術を生かした木組み

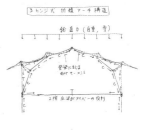

住宅スケールの部材を用いた架構の上に杉三層クロスパネル化粧張りの室内デザインとした。あらわしにした構造体はリズミカルで美しく、その後の仕上げ工程を省略でき、費用を抑えつつ温かみのあるデザイン性豊かな室内空間を実現することができる（大会議室）

登り梁の継手、アーチ屈折部の木組み

鉛直力と水平力に耐える仕組み
3ヒンジ式折線アーチ構造
（図：山田憲明構造設計事務所）

（写真3）未来の木材活用方法　ピロティの４間スパン（7.28m）を支える屋根架構

・部材断面：2-60×240㎜と2-60×270㎜、材長6m相互を120㎜角の束で繋ぎ合せたレシプロカル構造による格子梁
・加工は所定の長さに切るだけ。部材同士の接合はビス留めで、所定の間隔、法則で並べる簡単な施工方法

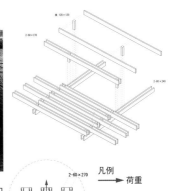

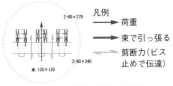

架構はあらわしとする。スパン方向の部材相互の先端位置下部に直行させる部材は長屋門の桟梁を彷彿とさせる（ピロティ）

今後生産が見込まれる大径材の利用提案
ピロティに使用した部材は、長さ6m、末口360㎜以上の原木から製材したものである。今後林業の現場では、このような大径材の利用が課題となっていくと思われ、この架構形式はその解決方法の1つとなり、木造架構の可能性を広げる

部材構成と架構の考え方
（図：山田憲明構造設計事務所）

木材の基礎知識

構造材として用いる

エンジニアードウッド

造作材として用いる

適材適所な使い方

木材活用術

地域の木材サプライチェーンをつくる

森林組合が中心となり、地域産木材の流通を促す。そのために担い手の育成やネットワーク化を図る

川下の建築現場から川上の森林組合へ

滋賀県内の林業関係団体の拠点である「滋賀県林業会館」が老朽化に伴い建て替えられることになった。かつて滋賀県庁で公共建築の木造化に取り組んでいた私にとって、この木造化、それも地域産の木材で建てることは当然のことだ。近くの山林で伐り出された木材を搬出し、運搬、製材、加工を経て建築物の用材として使う。かつては木材を川上から川下へ筏で運搬していたことから、林業の現場を「川上」、木材を使う建築を「川下」とも言う。県職員として川下で木造の建築物を造り、建築設計者や製材、流通事業者とネットワークを形成し、ついには川上の森林組合の組合長という立場となり、このプロジェクトに関わることとなった。しかし、森林組合に身をおいて感じるのは、林業関係者の多くが、木材が建築用材としてどのように使われているか知らない。あえて言うなら、川上は川下のことについてほとんど関心がない。川下の情報も乏しい。

川上から川下へ、筏を操る船頭として

おそらく建築士の資格をもつ森林組合長は珍しいだろうが、川上の木材を川下の建築現場につなぐこのプロジェクトのコーディネーターとしての役割を発揮できる機会となった。学校や福祉施設などの公共建築や事務所、店舗などの民間の中大規模建築に木材を利用することの課題は多い。「滋賀県林業会館」は民間の事務所建築であるが、滋賀県産木材の利用を拡大するための象徴的なプロジェクトとしての期待を担い、応えるために様々な課題に向き合わなければならない。まず、限られた予算内で木造として完成させるための工夫。このコストについての工夫を凝らすことが鉄骨造などの他の構造型式との競争力を確保することになる。また、限られた期限内に完成させるための木材調達やその加工などの課題がある。特に公共建築物や補助金を財源とする建築物では会計年度独立の原則によるスケジュール管理が立ちはだかる。これらの課題に向き合い、乗り越えて、実現に導くために、プロジェクトを操る船頭の役割が求められることとなった。

建築物の木材利用を促す船頭を養成する

県産の木材利用を図ることに向き合い、乗り越えたモデルとしての「滋賀県林業会館」建築プロジェクトの成果を今後の中大規模建築の木材利用に反映させることにも取り組んでいる。なかでも、中大規模建築の木造化を担う人材育成が急がれる。本プロジェクトにおける成果も踏まえて、木造建築物の耐久性、構造、防耐火など具体的な設計手法を学ぶ機会を通して、木材利用を促す船頭となる建築士の養成を始めている。

（写真1）地域産木材の流通

伐採に従事する林業作業員

高性能林業機械（ハーベスタ）による造材

木材の特徴を森林組合職員から確認する設計者

木材運搬用トラックによる丸太の搬送

地域内の製材所で加工

製材所では木材を地域ごとに色分けして管理

滋賀県林業会館の建て方の様子

地域材の利用促進や木造建築物の設計手法について学ぶ建築士

執筆：清水安治　175

「建築用木材」から「木材的建築」を目指して

中大規模の建築においては、取り扱う木材の量が桁違いに多い。
建築のための木材ではなく、森林循環のための「木材的建築」への視座が大切

中大規模木質建築に求められる社会的要請と課題

2050年カーボンニュートラルの実現に向けて、中大規模建築の木質化は炭素を都市に貯蓄し、森林における吸収・除去の循環を促す点で社会的責任は非常に大きい。昨今では、ESG投資を踏まえ、都市における木材利用促進はますます進みつつある。

一方、中大規模建築の木質化は、防耐火性能、構造耐力の確保など、木材に対して特殊な表面処理や加工技術が必要となり、その開発は未だ発展途上である。また、規模や用途によっては森林認証材やJAS規格材の活用が求められることがあり、利用できる木材やその産地が限定されることがある。さらに、工期と木材のリードタイムの不一致は森林の循環や工事コストに大きな影響を及ぼす。中大規模建築においては「木材を使えばよい」ではなく、森林資源の循環のあり方を踏まえた総合的な検討が必要不可欠となる。

桁違いの材木を適材適所に活用する作法

有明体操競技場は約2,300㎡の木材が活用された。森林面積に換算すると約15haにも上る。規模や用途などの条件から耐火建築物となるが、本施設は高度な検証法（耐火性能検証、避難安全検証）の活用により無垢の集成材による構造体や特殊な処理を施さない木材が内外装、什器に活用された。また、設計の序盤である基本設計段階より木材の産地をリサーチすることで、川上に配慮した無理のない調達計画を実現している。

選手村ビレッジプラザは施設に利用される木材を全国63の自治体より借り入れ、東京オリンピック・パラリンピック競技大会後には返却され、公共施設等で再利用される。全国の自治体が供給できる木材の樹種や大きさ、工場の加工機の調査を設計にフィードバックし、つくりやすく、解体しやすい施設が実現された。材に刻印された自治体名は、木材のもつトレーサビリティを視覚化したものであり、BIMにより約4万本の木材の情報が管理された。

木材利用の裾野を拡げるインフラとしての「つな木」

中大規模木造建築が材料を限定してしまうことに対し、加工を施さない一般流通木材と接合用クランプの組み合わせにより、地域材を容易に組み立て、活用することができる木質ユニットの「つな木」。医療ブースや仮設店舗など、木材と暮らしを結びつけるインフラであり、小さな木材活用が全国に拡がるプラットフォームづくりが推進されている。

カーボンニュートラル
排出される二酸化炭素と吸収される二酸化炭素が同じ量であるという概念

ESG投資
環境（Environment）、社会（Social）、ガバナンス（Governance）の頭文字からつくられた言葉で、この3つの観点から企業の将来性などを評価・分析して投資すること

森林認証
森林が持続可能な方法で適切に管理されていることを利害関係者から独立した第三者機関が評価・認証する制度

リードタイム
製造や物流の分野における、着手から完了までに要する時間（期間）

川上
森林所有者や丸太の生産者、造林などの林業従事者、主に原材料としての木材を供給する立場のこと

トレーサビリティ
原材料・部品の調達から加工、組み立て、流通、販売の各工程で、製造者・仕入れ先・販売元などを記録し、履歴を追跡可能な状態にすること

（図1）木質ユニット「つな木」

一般流通木材　専用クランプ　ホームセンターなどで木材を入手　組み立て　家具が完成　組み換え　別のものにもできる　「つな木」による仮設店舗

（写真1）有明体操競技場

木材は圧縮に強いため大スパン架構はアーチ型とし、スギ集成材による木製ベンチ（大会後は撤去）へと連続する形で内部空間を構成している。屋外コンコースに面した外壁は断熱性能、遮音性能を満たす材料としてスギ製材を勾配に対して鉛直方向にずらしながら配置。路盤には木質アスファルト舗装を施した

設計：日建設計（基本設計・実施設計監修）、清水建設（実施設計）、斎藤公男（技術指導）、施工：清水建設
写真上：エスエス東京、写真下：鈴木研一

競技場内部。中央部の69.6mの木質張弦梁部と、両側から9.6m持ち出された木質キャンチトラスの複合構造がスパン88.8mの木質大空間をつくる

80mm角のスギ間伐材の外壁

外観

（写真2）選手村ビレッジプラザ

樹種は、スギ、ヒノキ、カラマツ、エゾマツ、トドマツ、アカマツ、ヒバ等の製材を主とし、集成材、CLT等も含めて約1,300㎥、約4万本を超える木材をその樹種の特性に配慮しながら、柱梁、下地材、外壁などに割り当てている。解体後に各自治体へ木材を返却することができるよう、木材には自治体名が刻印されている

設計：日建設計、施工：熊谷組・住友林業特定建設工事共同企業体
写真上・左下：雁光舎
写真右下：エスエス東京

レシプロカル架構の取り合い。1ユニットの梁は4mと6mの定尺材が60°の角度で組まれており、各ユニットから相持ちとなっている

乾式接合を採用することで、組立性と解体性を両立

竹ルーバーによる屋根面の日射遮蔽

林業家から直接丸太を買う

「森林再生プラットフォーム」とは、工務店による林業家からの適正価格での原木購入をする仕組みである

森林パートナーズとは

森林パートナーズ株式会社代表の伊佐裕氏は、木造住宅を中心に設計施工をする地域工務店として、山側で取り引きされている原木、木材価格があまりに安いことに驚愕し、山が持続できるような価格で原木を直接購入しようと考えた。そして、同じ地域の製材所、プレカット工場と連携し、情報の隔たりがあった既存流通を見える化し、需要情報と供給情報を事業者全体で共有するプラットフォームとして「森林パートナーズ」をつくった（図1）。

プラットフォームの内容

森林パートナーズによる木材流通は、まず工務店が設定期間内で必要な構造材の数量を算出し、情報を共有する。その数量から構造材をつくるのに適した原木数量が算出されICTシステムによって、山元は需要量として打診を受ける。山元は計画に基づき伐採、搬出をし、土場で丸太を選別する。その丸太にロットごとにQRコードを付与し、山的の情報を入力し、JAS認定工場である製材所に輸送する。製材所は工務店が必要とする材の情報に基づき製材、乾燥を行い、その寸法や材の強度などの情報を製品1本1本に貼るICタグに入力し在庫する。工務店の住宅物件の工事着工が確定したら、工務店と図面の打合せをしたプレカット工場が、その在庫から必要な材を搬出するように打診する。搬入された材のICタグに構造伏図（床組みや小屋組みを表したプレカットに必要な図面）の情報を入力し、どの材が物件のどの場所に使われたかを分かるようにした。施主は、生産者や寸法、強度、どのような履歴をもった材がどこに使われたかを知ることができ、地域材に付加価値をつけ安心感、信頼感につながる（図2）。プラットフォームを構成するメンバーで情報を共有し、リスクを分散し、また利益を適正に分配する、地域の良質材を安定供給するためのプラットフォームであり、森林パートナーズは各社からの情報利用料で収益を得てプラットフォームを管理する持続可能なモデルである。

今後に向けて

現在、福岡県においても森林パートナーズのシステムが採用され実運営が始まろうとしている。地域により林業の状況、製材所、プレカット工場の能力や規模が違い、木造物件のマーケットの動向がさまざまであるが、秩父で得たノウハウや福岡への横展開の経験から、他の地域のプラットフォームづくりを推進していく。また木造住宅に限らず大規模木造建築や非住宅、また内装木質化などの分野への展開もしていきたい。

（図1）森林再生プラットフォームの仕組み

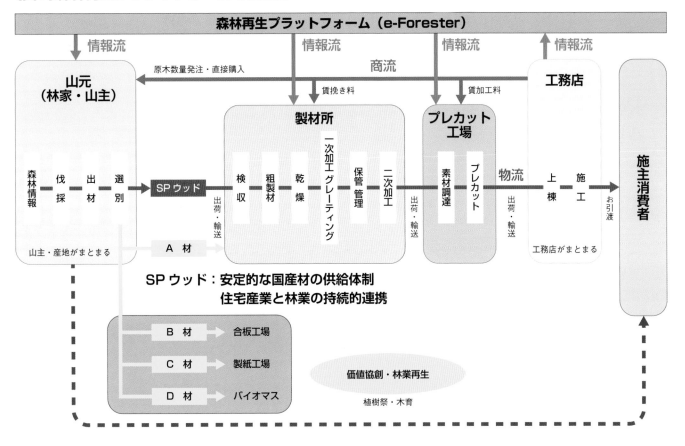

森林再生プラットフォーム（e-Forester）

SP ウッド：安定的な国産材の供給体制
住宅産業と林業の持続的連携

価値協創・林業再生
植樹祭・木育

（図2）森林情報のデータ化

あざみ野南向け材一覧

伏図材番	QRコード	出材者	樹種	材長	材厚	材幅	強度	乾燥終了日
2024	591	山中敬久	スギ	3	150	105	E90以上	2015-05-19
3082	1245	磯田傳一郎	スギ	3	150	105	E90以上	2015-05-19
2008	1515	山中敬久	スギ	5	300	120	E90以上	2015-05-27
2004	1550	磯田傳一郎	スギ					
3053	1571	山中敬久	スギ	5	210	120	E90以上	2015-05-27
20017	10032	磯田栄次	スギ	3	105	105	E90以上	2016-05-25
20027	10042	磯田栄次	スギ	3	105	105	E90以上	2016-05-25
20001	10043	磯田栄次	スギ	3	105	105	E90以上	2016-05-25
10021	10045	磯田栄次	スギ	3	105	105	E90以上	2016-05-25
10034	10051	磯田栄次	スギ	3	105	105	E90以上	2016-05-25
20013	10065	磯田栄次	スギ	3	105	105	E90以上	2016-05-25
20012	10083	磯田栄次	スギ	3	105	105	E90以上	2016-05-25
10032	10095	磯田栄次	スギ	3	105	105	E90以上	2016-05-25
10018	10096	磯田栄次	スギ	3	105	105	E90以上	2016-05-25
10015	10103	磯田栄次	スギ	3	105	105	E90以上	2016-05-25
10027	10108	磯田栄次	スギ	3	105	105	E90以上	2016-05-25
20006	10206	森 京子	スギ	3	105	105	E90以上	2016-05-25
10016	10216	森 京子	スギ	3	105	105	E90以上	2016-05-25
10010	10223	森 京子	スギ	3	105	105	E90以上	2016-05-25
10008	10229	森 京子	スギ	3	105	105	E90以上	2016-05-25
10036	10237	森 京子	スギ	3	105	105	E90以上	2016-05-25
10033	10261	磯田 彰	スギ	3	105	105	E90以上	2016-05-25
10013	10262	磯田 彰	スギ	3	105	105	E90以上	2016-05-25
20028	10263	磯田 彰	スギ	3	105	105	E90以上	2016-05-25
20008	10269	磯田 彰	スギ	3	105	105	E90以上	2016-05-25
10035	10349	磯田 彰	スギ	3	105	105	E90以上	2016-05-25
10024	10360	磯田 彰	スギ	3	105	105	E90以上	2016-05-25
20002	10453	堀口 祐輔	スギ	3	105	105	E90以上	2016-05-25
20004	10463	木村 清	スギ	3	105	105	E90以上	2016-05-25
20034	10529	堀口 祐輔	スギ	3	105	105	E90以上	2016-05-25
20021	10534	堀口 祐輔	スギ	3	105	105	E90以上	2016-05-25
20011	10555	磯田 彰	スギ	3	105	105	E90以上	2016-05-25
10030	10559	磯田 彰	スギ	3	105	105	E90以上	2016-05-25
10014	10560	磯田 彰	スギ	3	105	105	E90以上	2016-05-25

伐採日	2015-12-09
製材入荷日	2016-05-24
製材所名	金子製材
製材出荷日	2017-09-04
SPx区分	
出材者	磯田栄次
出材場所	
邸名	あざみ野南
山元名	秩父樹液生産協同組合
材厚	105
材長	3
QRコード	10045
プレカット出荷日	
長級	3
保管場所	
保管開始日	
樹種	スギ
乾燥終了日	2016-05-25
径級	16
工務店名	伊佐ホームズ
強度	E90以上
プレカット日	2017-09-04
プレカット工場名	島崎木材株式会社
伏図材番	10021
材幅	105

工務店が建築主に渡すQRコードを読み取ると、住宅に使用された構造材1本1本の履歴（トレーサビリティー）情報が確認できる。木材消費者に対して木材の高付加価値化につながる

RC造や鉄骨造の躯体で木質化

木質部材を既存のコンクリート系部材に置き換えて使用。
構造用集成材を厚板パネルとして可変可能な壁や床に使用する

木材利用の注目度が高まる

近年、住宅以外の非住宅分野でも木造木質化に向けた取り組みが進む。持続可能な開発目標(SDGs)が世界的に掲げられ、循環再生可能な資源の有効利用、CO_2の吸収固定する建築材料として木材の注目が高まる。

これまで鉄骨造やRC造を主に建設に携わってきた企業は、木造設計に特化した人材は極めて少ない。一般市場では、非住宅建築の建築材料として ALC(軽量気泡コンクリート)や押出成形セメント板などが多く利用され、主に非耐力壁(帳壁、カーテンウォール)として使われている。これらの施工方法と共通点を持たせた構造用集成材の厚板パネルとそのシステム厚板集成版WOOD.ALC(以下W.ALC)を紹介する。

WOOD.ALCとは

W.ALCは、規格化した中断面集成材を軸材で使わず厚板壁としてALC同様の取り付け方で使用する。木材使用が少なかった鉄骨造やRC造のラーメン構造で木装化利用が可能である(写真1)。W.ALCは、プレカットされたユニット材として現場へ納品し、大工・建装工事事業者が取付けを行う。担い手不足は建設業界全体の課題であるが、施工方法の互換性を持たせることによりALC工事など既存の重量鳶での取付け可能なシステムとして 開発されており建装工事事業者との協業も可能である。施工のポイントは、ALC (デザインパネル)に準ずる。特殊工事や専用工具も不要なため、非木造建築でも違和感なく導入が可能である。防耐火性能面では、1時間準耐火構造が可能である。 ① 大臣認定、一社)日本 WOOD.ALC協会、②告示燃え代設計(JAS集成材)アクセントウォールとしての使用や、張り分けデザインなどが設計者の見せどころとなる。「鉄と木」「RCと木」「都市と森」といった、互いの利点を生かして協業する社会を目指したい。

● SDGs
Sustainable Development Goals の略称で、2030 年までに持続可能でよりよい世界を目指す国際目標

● 構造耐力上主要な部分
荷重に対する安全性を確保するための重要な構造部材、長期荷重及び短期荷重を負担する部分建築物の自重もしくは積載荷重、積雪、風圧、土圧もしくは水圧または地震その他の震動もしくは衝撃を支えるものをいう

● 主要構造部
火災に対する安全性を確保するために重要な構造部分「壁・柱・床・梁・屋根・階段」のこと。(建築基準法第2条第5号)

● 帳壁
構造耐力上他の部材などを支持せず、または耐力を負担しない壁のこと。カーテンウォールと同じ意味

(写真1)非木造の木造化

鉄骨造ラーメン構造躯体

W.ALC取付けの様子

竣工時

（写真2）W.ALC120×450㎜ユニット

（図1）外皮の断熱性能と蓄熱性能について

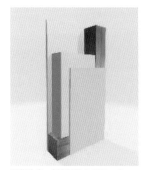

現代住宅、木造軸組み105㎜角

RC内外打ちっぱなし、180㎜

W.ALC120㎜

W.ALC105㎜／ネオマフォーム50㎜／鋼板

熱伝導率が0.12と断熱性能や蓄熱性もあり冷暖房負荷の軽減に貢献できる。外皮の熱性能は、その断熱性と蓄熱性（さらには調湿性）によって評価される。木材を厚く使う構成による外皮は、「断熱性能と蓄熱性能があって良い壁」となる。また、木材を多く使えば、建物の重量も軽減できる。

（表1）B,C,F,Gの外皮仕様（断熱性と蓄熱性）

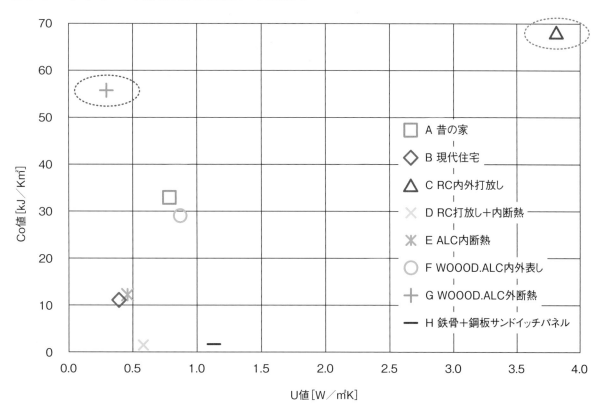

出典：一社）日本WOOD.ALC協会

木材の基礎知識

構造材として用いる

エンジニアードウッド

造作材として用いる

適材適所な使い方

木材活用術

木材図鑑

本書のCHAPTER2、CHAPTER3では、主に国内産の樹種について解説していますが、木材図鑑では、国内産に限定せず日本で入手可能な輸入材も紹介しています。

■ アカマツ　→P.86

高さ20〜25m・直径50〜80cm程の針葉樹。年輪・木目ともに直通で明瞭。強度があり加工性も良好で、構造材としても意匠材としても用いられる。

心材

辺材

■ アフリカンパドウク

中央〜西アフリカ原産の広葉樹。心材は日に焼けると褐色から暗褐色に変わる。加工性・耐久性にも優れる。美しい色味を生かし装飾材として用いられる。

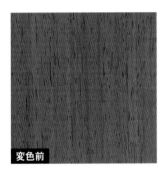
変色前

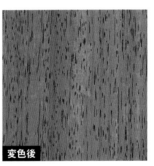
変色後

■ イタヤカエデ　→P.106

北海道を中心に広く分布する広葉樹。緻密で複雑な木目が見られる。硬く丈夫だが、加工性にはやや劣る。色合いは全体的に白っぽく心材は少し赤味を帯びている。

柾目

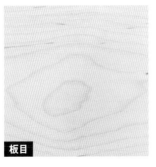
板目

■ イチイ

主に寒冷地の山間部に自生する針葉樹。生長が遅く細いが、木目は緻密で硬く、加工性にも優れる。褐色の色味が美しく、芳香を持つ。屋内の装飾材や神事用具、仏具などに用いられる。

心材

辺材

■ ウエンジ

アフリカ東部やミャンマー、タイ（アジア産のものはミレシアと呼ばれる）原産の広葉樹。木質は重厚で硬いが、加工の際には割裂に注意する。家具や化粧単板に用いられる。

心材

■ ウォルナット

主に北米東部〜中部で採られる広葉樹。材質が優れ、加工性もよく、狂いも少ない。心材に表れる濃淡の不規則な縞模様が特徴的。家具や内装材に用いられる。

心材

辺材

カエデ

北半球に広く分布する広葉樹。波丈の木目が特徴的。縮み杢や玉杢、鳥眼杢など珍しい杢も表れる。木質は重厚。表面の滑らかさや光沢が好まれ、仕上げ材によく用いられる。

心材

辺材

カラマツ　→P.46・88

信州小諸地区を原産とし、岐阜以北から北海道にかけて広く分布する針葉樹。耐水性、耐久性に優れる。木質は重厚だがやや加工しにくい。

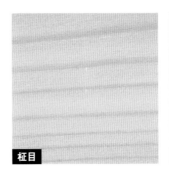
柾目

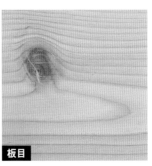
板目

カツラ

肥沃な山地、渓流沿いに育成する日本固有の広葉樹。節は少なく、木目は明瞭。やわらかい板目の表情が人気。加工性もよく、造作材や碁盤、彫刻などに用いられる。

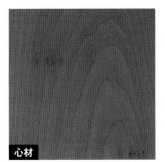
心材

辺材

カリン

熱帯アジアに主に分布する広葉樹。木目は緻密で美しい玉杢が表れる。木質は重厚、加工性は普通。主に家具材や化粧材として用いられる。

心材

辺材

カヤ

本州、四国、九州の暖かな山地に分布する針葉樹。木質は重厚で加工性にも優れる。構造材のほか、耐水性に優れるので水廻りの建材にも用いられる。

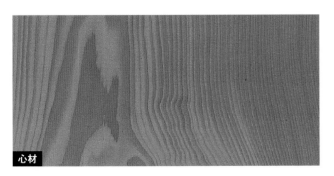
心材

キハダ

北海道から九州、四国まで広く分布する広葉樹。木質は柔軟。乾燥の際に狂いや割れが生じやすいが、湿気や虫には強い。特徴的な色味や杢を生かし、装飾材として用いられる。

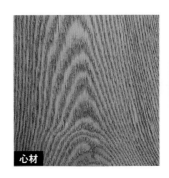
心材

辺材

クスノキ

関東以南の暖かい地域に分布する広葉樹。乾燥の際に狂いが生じやすいが加工性はよい。耐久性が高く湿気にも虫にも強いため、構造材から屋内外の仕上げ材まで広く使われる。

交錯した木目

ケヤキ → P.98

本州、四国、九州に広く分布する広葉樹。水に強く弾力性と硬さを併せもち、耐久性も高い。素直で上品な木目が特徴で、玉杢や泡杢なども表れる。構造材や床材などに用いられる。

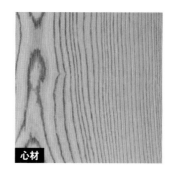 

心材　辺材

クリ → P.100

北海道南西部から九州、四国にかけて分布する広葉樹。木目は明瞭で、縮み杢やササ杢が表れる。湿気に強く、保存性があるので土台に用いられる。

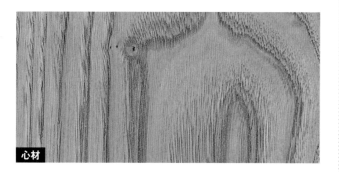

心材

スギ → P.42·82

函館以南から沖縄まで日本各地に生育する針葉樹。年輪、木目ともに明瞭。木質は適度に軽軟で加工性に優れる。縦方向の負荷に強く、構造材として最もよく用いられている。

心材　辺材

クルミ → P.108

日本全域に広く分布する広葉樹。適度な強度と加工性のよさを併せもつ。橙色っぽい心材と灰白色の辺材との境界は明瞭。

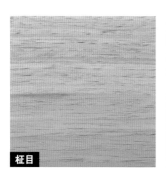 

柾目　板目

ゼブラウッド

西アフリカの熱帯雨林に生育する広葉樹。心材の黄褐色な部分に黒色の縞が入っている。そのため木質も一定ではないが全体的に重厚で、家具材として用いられる。

 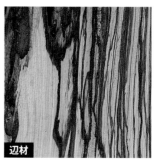

心材　辺材

セン

日本、中国、ロシアに広く分布。荒々しい板目の表情が特徴的。樹齢の高い材（ヌカセン）は重厚で加工しにくいが、若い材（オニセン）は加工しやすく家具や化粧材に用いられる。

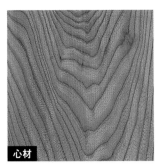

心材　辺材

ツガ　→P.92

関東以南から九州、四国にかけて広く分布する針葉樹。生長が遅く、緻密な年輪を形成する。木質が重厚で耐久性に優れるが、加工が難しい。鴨居や敷居などによく用いられる。

心材

タモ　→P.104

主に北海道や中国、ロシアなどの寒冷地で生育する広葉樹。木目は直通。丈夫な材で加工性も高い。構造材や下地材などに用いられる。

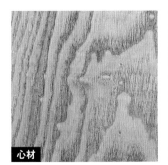

心材　辺材

トチ

北海道南部から九州まで広く分布する。生長が非常に早い。やわらかい色調とシルクのような光沢が特徴。加工性がよく、木目を生かして装飾的に用いられる。

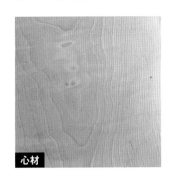
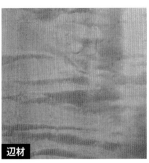

心材　辺材

チーク

インドやミャンマー、タイ原産の広葉樹。心材に濃茶色の縞が入る。木質は適度に重厚で加工性に優れる。耐水性も高い。仕上げると美しい光沢がでて、高級家具などに用いられる。

心材　辺材

トドマツ　→P.48

北海道に広く分布する針葉樹。色は一様に白色、もしくは黄白色で年輪は比較的明瞭。乾燥が容易で加工性もよいが耐久性は低い。

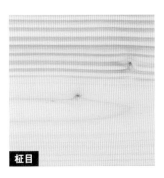
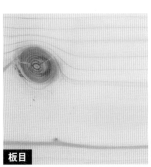

柾目　板目

パイン

主にヨーロッパや北米で生育する針葉樹。木目は明瞭で直通。軽量だが比較的に強度は高く、構造材や床材として用いられる。

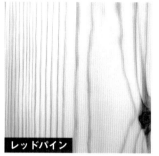
レッドパイン

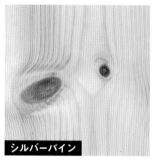
シルバーパイン

ヒノキ → P.44・80

福島県以南の本州から屋久島にかけて分布する。赤身から白太へのグラデーションや不明瞭な木目が特徴。耐水性があり特有の芳香をもつ。加工性も高く、建築材として広く使われる。

心材

辺材

ブナ → P.96

北海道南部から九州まで分布する広葉樹。木質は重厚で均質だが耐久性は低い。いわゆる心材がなく偽心材を形成する。辺材と偽心材の境界は不明瞭。

柾目

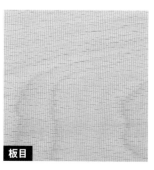
板目

ブビンガ

ナイジェリアやコンゴ、カメルーンなどで生育する広葉樹。心材に赤色の縞が入る。木質は重厚で加工は難しいが、耐久性も高くシロアリにも強い。装飾的に用いられる。

玉杢

ブラックチェリー

北米東部で主に産出する広葉樹。やわらかな木目の表情が特徴。木質は適度に重厚で加工性も良好。家具材や内装材として用いられている。

心材

辺材

マホガニー

アフリカや東南アジアで植林されている広葉樹。リボン杢や縞杢など多彩な表情が特徴で、乾燥もしやすく加工性もよい。家具や楽器などに用いられる。

心材

辺材

ミズナラ → P.102

中部地方以北に生育している広葉樹。前面に入る斑が特徴。年輪は明瞭。木質が重厚で加工はやや難しい。家具などに用いられる。

心材

辺材

ヤマザクラ → P.110

本州、四国、九州、朝鮮半島に分布する。心材は褐色で辺材は淡い黄褐色。加工性に優れ、着色性もよいので家具や楽器をつくるのに用いられる。

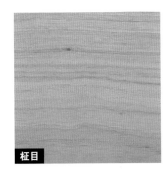
柾目

板目

メープル

北米が主な産地。色調は淡い黄色や褐色から白色。木目は不明瞭だが鳥眼杢や波状杢がまれに表れる。緻密でシルクのような光沢がある。

無塗装

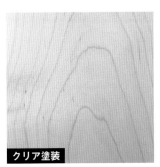
クリア塗装

レッドシダー → P.94

北米大陸西部地区一帯に分布する針葉樹。心材は赤褐色で辺材は白い。木理は通直で独特の芳香をもつ。強度は低いが加工性に優れ、乾燥による狂いも少ない。

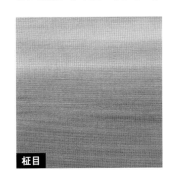
柾目

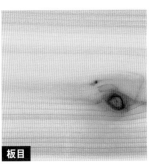
板目

モンキーポッド

中南米、西インド諸島、フロリダ、ハワイなどに育成する。心材に不規則な茶色の縞が入る。木質はやや重厚で加工もやや難しい。家具や小物細工に用いられる。

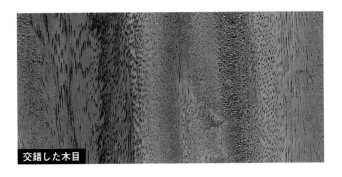
交錯した木目

ローズウッド

ビルマやカンボジア、タイなどの沿岸部原産。木目に縞状の模様が入ると美しい材とされる。木質は重厚で加工性はよい。指物細工やフローリングなどに用いられる。

心材

索引

〈著者略歴〉

「世界で一番くわしい木材」研究会 [せかいでいちばんくわしいもくざい　けんきゅうかい]

木の建築と木材活用に関心を持つ有志の集まり。建築素材としての「木」について、より理解を深め、「木」を扱うノウハウのより確かな技術の獲得を目指している。同時に、木に関わる人達とのネットワークを構築し、その成果を専門家向けに公開し、一般の人にはセミナーや見学会などを通じて、木の建築づくりの質的向上に向けて活動中。

編集委員

古川　泰司
松浦　　薫
金子　真治
谷知　大輔

総合監修

藤本　登留　　九州大学

執筆者 （五十音順）

浅葉　健介　　日本ボレイト株式会社
有賀　真人　　株式会社有賀製材所
石橋　輝一　　吉野中央木材株式会社
井上　泰一　　有限会社井上建築工業
岩坂　　将　　株式会社鳥取CLT
大庭　拓也　　株式会社日建設計
小野塚彰宏　　株式会社オノツカ
金子　真治　　金子製材株式会社
神谷　文夫　　セイホク株式会社
木村　　司　　木村木材工業株式会社
木童
小林　基英　　小林木材株式会社
小柳　雄平　　森林パートナーズ株式会社
齋藤　　渉　　斎藤木材株式会社
坂本　　幸
惟村　憲司　　株式会社堀井工務店
清水　安治　　高島市森林組合
芹沢　一明　　株式会社山崎工務店
橘　　明夫　　有限会社橘商店
谷知　大輔　　パワープレイス株式会社
中島　創造　　あゆみ設計工房
長野　麻子　　元林野庁林政部木材利用課
西田　和也　　岡崎製材株式会社
野口　泰司　　野口泰司建築工房
藤田　宏匡　　株式会社イケダコーポレーション
古川　泰司　　アトリエフルカワ一級建築士事務所
堀井　満夫　　株式会社堀井工務店
堀井　良夫　　株式会社堀井工務店
松浦　　薫　　協和木材株式会社
松澤　静男　　マツザワ設計一級建築士事務所
松原　正明　　木々設計一級建築士事務所
丸山　純夫　　株式会社ユー建築工房
宮村　　太　　宮村太設計工房
安井　　昇　　桜設計集団一級建築士事務所
吉田　良弘　　株式会社ヨシダ
若杉　浩一　　武蔵野美術大学
渡辺　ガク　　g_FACTORY建築設計事務所
渡辺　幹夫　　高広木材株式会社

資料協力者 （順不同）

アルファフォーラム
金山チップセンター
北村建築工房
森林総合研究所
全国LVL協会
全国木材検査・研究協会
東北合板工業組合
富野工務店
中川木材産業
長野県林業総合センター
日本エンバイロケミカルズ
日本合板工業組合連合会
日本しろあり対策協会
日本住宅・木材技術センター
日本木材総合情報センター
ビジオ
Piccolo：木構造計画
フェアウッド
北海道立総合研究機構
森林研究本部林産試験場
ナチュラルウッド
林友
田鉄産業
山儀製材所
とくもく首都圏
アトリエボンド
兼松サステック
森博建築設計所
半田雅俊設計事務所
U設計室
川口通正建築研究所
栃木県林業センター
越井木材工業
山代悟
日本ツーバイフォー建築協会
日本WOOD.ALC協会
日本繊維板工業会
合板検査会

世界で一番くわしい

木材 最新版

2022年5月2日　初版第1刷発行

著　者　　「世界で一番くわしい木材」研究会
発行者　　澤井聖一
発行所　　株式会社エクスナレッジ
　　　　　〒106-0032　東京都港区六本木 7-2-26
　　　　　https://www.xknowledge.co.jp/
問合せ先　編集　Tel：03-3403-6796　Fax：03-3403-1345／info@xknowledge.co.jp
　　　　　販売　Tel：03-3403-1321　Fax：03-3403-1829